「自分だけの答え」が見つかる

13歳からのアート思考

末永幸歩

Suenaga Yukiho

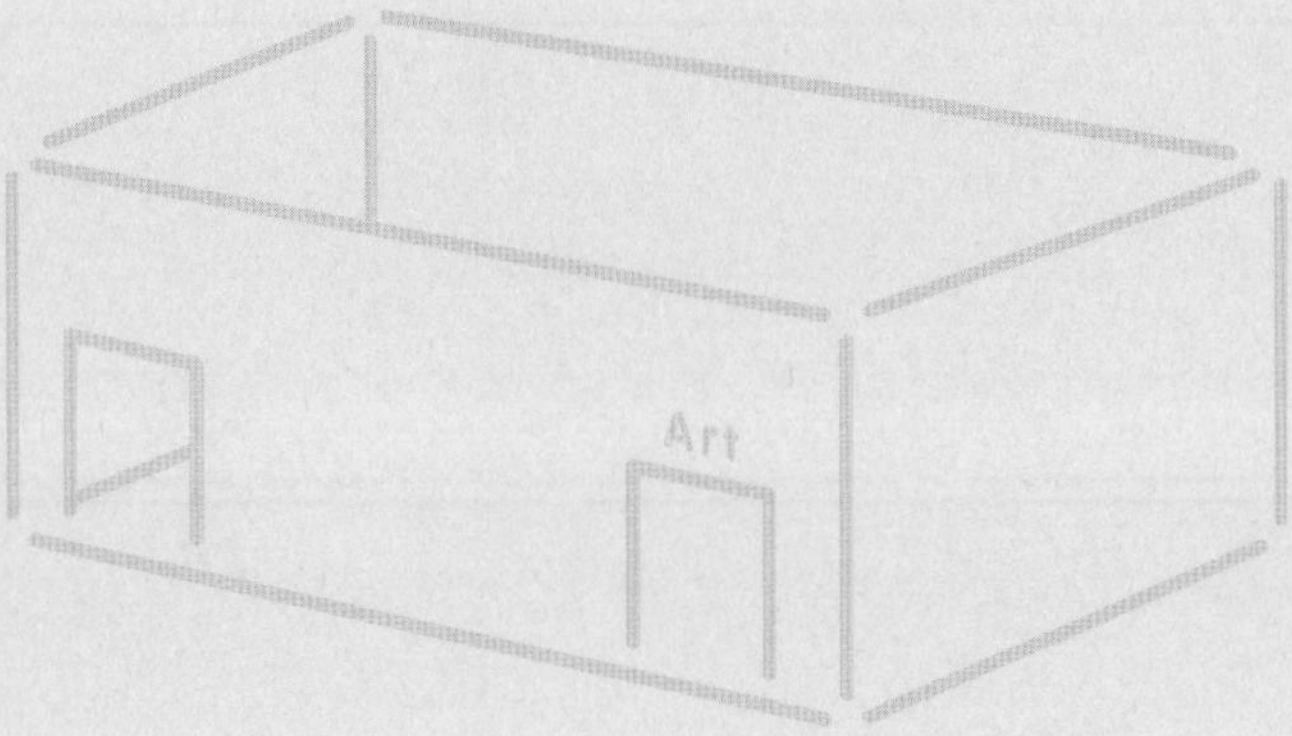

ダイヤモンド社

PROLOGUE

「あなただけのかえる」の見つけ方

みなさんは、美術館に行くことがありますか？
美術館に来たつもりになって、次の絵を「鑑賞」してみてください。

クロード・モネ（1840～1926年）

睡蓮

1906年ごろ／キャンバスに油彩
大原美術館所蔵

印象派の中心人物として知られるモネが、彼が愛した水生植物の睡蓮を題材に、季節や時間とともに変化する光の効果をとらえた一連の絵画作品の1つ。

岸や空を描かず、大胆に水面だけを描いた構図からは、日本美術の影響も感じられる。

私たちは「1枚の絵画」すらもじっくり見られない

さて、ここで質問です。

いま、あなたは「絵を見ていた時間」と、その下の「解説文を読んでいた時間」、どちらのほうが長かったですか？

おそらく、「ほとんど解説文に目を向けていた」という人がかなり多いはずです。

あるいは、「鑑賞？　なんとなく面倒だな……」と感じて、すぐにページをめくった人もけっこういるかもしれません。

私自身、美大生だったころはそうでした。

美術館を訪れることは多かったにもかかわらず、それぞれの作品を見るのはせいぜい数秒。すかさず作品に添えられた題名や制作年、解説などを読んで、なんとなく納得したような気になっていました。

いま思えば、**「鑑賞」のためというよりも、作品情報と実物を照らし合わせる「確認作業」のために美術館に行っていたようなもの**です。

これでは見えるはずのものも見えませんし、感じられるはずのものも感じられません。

とはいえ、「作品をじっくり鑑賞する」というのは、案外けっこう難しいものです。じっと見ているつもりでもだんだんと頭がボーっとしてきて、いつのまにか別のことを考えていたりもします。

いかにも想像力を刺激してくれそうなアート作品を前にしても、こんな具合なのだとすれば、まさに一事が万事。

「自分なりのものの見方・考え方」などとはほど遠いところで、物事の表面だけを撫でてわかった気になり、大事なことを素通りしてしまっている――そんな人が大半なのではないかと思います。

……でも、本当にそれでいいのでしょうか？

大人が《睡蓮》のなかに発見できないもの

「かえるがいる」

岡山県にある大原美術館で、4歳の男の子がモネの《睡蓮》を指差して、こんな言葉を発したことがあったそうです。[01]

みなさんは先ほどの絵のなかに「かえる」を発見できましたか？

わざわざページを戻って「かえる探し」をしていただいた方にはお気の毒ですが、じつをいうと、この作品のなかに「かえる」は描かれていません。それどころか、モネの作品群である《睡蓮》には、「かえる」が描かれたものは1枚もないのです。

その場にいた学芸員は、この絵のなかに「かえる」がいないことは当然知っていたはずですが、「えっ、どこにいるの」と聞き返しました。

すると、その男の子はこう答えたそうです。

「いま水にもぐっている」

私はこれこそが本来の意味での「アート鑑賞」なのだと考えています。

その男の子は、作品名だとか解説文といった既存の情報に「正解」を見つけ出そうとはしませんでした。むしろ、**「自分だけのものの見方」でその作品をとらえて、「彼なりの答え」を手に入れています。**

彼の答えを聞いて、みなさんはどう感じましたか？

くだらない？　子どもじみている？

しかし、ビジネスだろうと学問だろうと人生だろうと、**こうして「自分のものの見方」を持てる人こそが、結果を出したり、幸せを手にしたりしている**のではないでしょうか？

じっと動かない１枚の絵画を前にしてすら**「自分なりの答え」をつくれない人が、激動する複雑な現実世界のなかで、果たしてなにかを生み出したりできる**でしょうか？

「中学生が嫌いになる教科」第1位は「美術」⁉

改めまして、こんにちは。そして、ようこそ『13歳からのアート思考』の教室へ！

私は国公立の中学・高校で「美術科」の教師をしている末永幸歩《すえながゆきほ》と申します。


突然ですが、あなたは「美術」という教科に対して、どんな印象を持っていますか？

大人のみなさんは学生時代を振り返ってみてください。


「そもそも絵が下手なので、あまり好きではなかったです……」

「美的センスがないんでしょうね。いつも成績が『2』でした」

「生きていくうえでは、役には立たない教科だと思います……」


教師としては残念なかぎりですが、多くの人からこのような答えが返ってきます。

それにしても、「美術」へのこうした苦手意識は、どこから生まれるのでしょう？

小学生・中学生に聞いた「好きな科目」

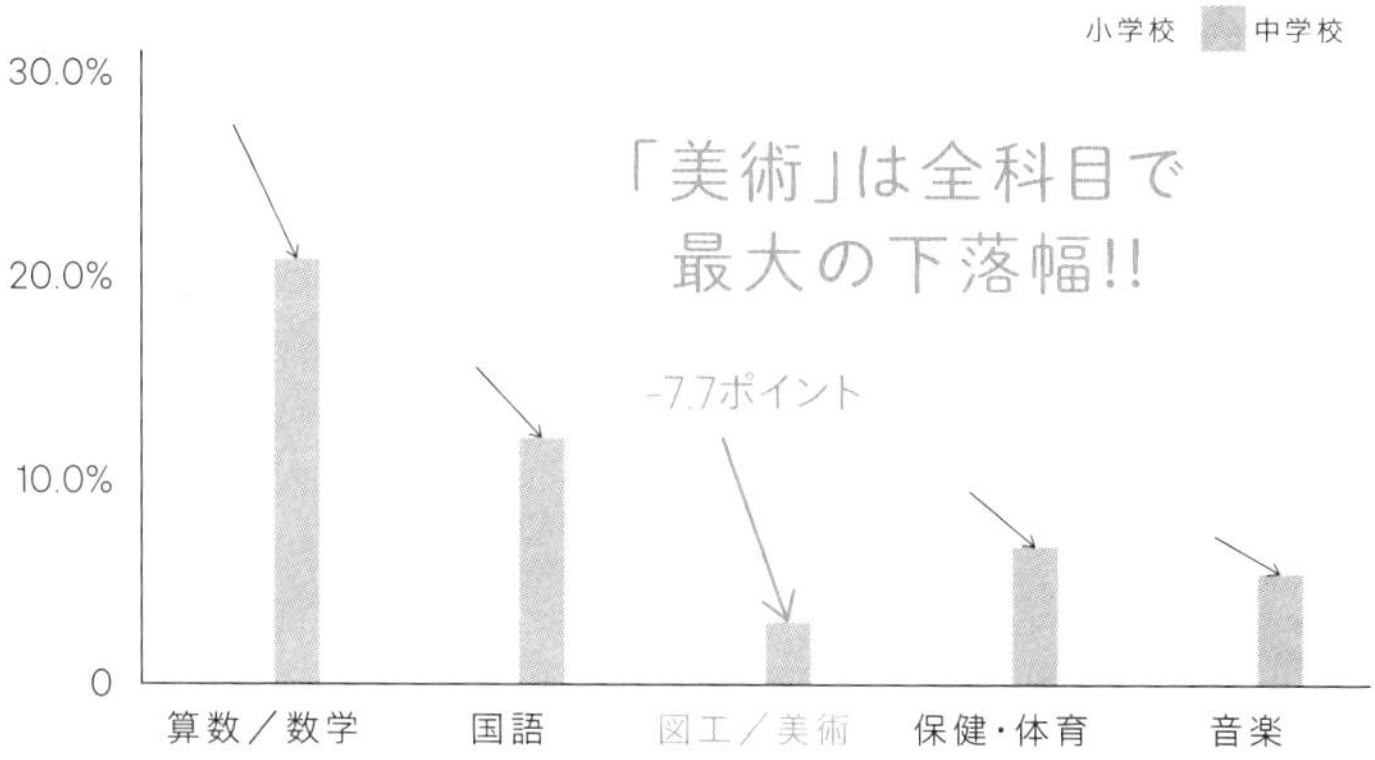

じつのところ、**これには明確な〝分岐点〟があるのではないか、という仮説**を私は持っています。

その分岐点とは、本書のタイトルにもある「13歳」です。

上のグラフをご覧ください。これは小学生と中学生それぞれの「好きな教科」についての調査結果をもとに私が作成したグラフです。[02]

小学校の「図工」は第3位の人気を誇っているのですが、中学校の「美術」になった途端に人気が急落しているのが見て取れます。

小↓中の変化に注目するなら、下落幅は全教科のなかで第1位。**「美術」はなんと「最も人気をなくす教科」**なのです。

だとすると、「13歳前後」のタイミングで、「美術嫌いの生徒」が急増している可能性は十分に考えられそうです。

みなさんにも思いあたることがありませんか？

「中学校に入って初めての美術の課題が『自画像』だったんですが、美術部所属の同級生のと比べると、自分の絵がなんとも不格好で弱々しくて、とても恥ずかしい気持ちになりました……」

「ほかの教科の成績はまずまずだったんですが、いつも美術だけはいまひとつでした。評価基準がよくわからないまま低い評定をつけられたのが嫌でしたね。『自分には美的センスがないんだなあ』と思うしかありませんでした」

「期末テスト前になったら、いきなり美術史の授業がはじまって、作品名を丸暗記させられました。あれはなんだったんでしょう」

こうした状況は依然として続いています。私が一教員として学校教育の実態を見てきたかぎりでは、絵を描いたりものをつくったりする「技術」と、過去に生み出された芸術作品についての「知識」に重点を置いた授業が、いまだに大半を占めています。

「絵を描く」「ものをつくる」「アート作品の知識を得る」——こうした授業スタイルは、一見するとみなさんの創造性を育《はぐく》んでくれそうなものですが、じつのところ、これらはかえって個人の創造性を奪っていきます。

このような**「技術・知識」偏重型の授業スタイルが、中学以降の「美術」に対する苦手意識の元凶ではないか**というわけです。

美術はいま、「大人が最優先で学び直すべき教科」

「すべての子どもはアーティストである。問題なのは、どうすれば大人になったときにもアーティストのままでいられるかだ」

これはパブロ・ピカソの有名な言葉です。ピカソがいうとおり、私たちはもともと、《睡蓮》のなかに「自分だけのかえる」を見出すようなアーティスト性を持っていたはずです。

しかし、「アーティストのままでいられる大人」はほとんどいません。おそらくは「13歳前後」を分岐点として、「かえるを見つける力」を失っていきます。

さらに深刻なのは、**私たちは「自分だけのものの見方・考え方」を喪失していることに気づいてすらいない**ということです。

話題の企画展で絵画を鑑賞した気分になり、高評価の店でおいしい料理を味わった気分になり、ネットニュースやSNSの投稿で世界を知った気分になり、LINEで人と会話した気分になり、仕事や日常でも何かを選択・決断した気分になっている。

しかし、**そこに「自分なりの視点」は本当にあるでしょうか？**

いま、こうした危機感を背景として、**大人の学びの世界でも「アート的なものの考え方」が見直されています。**

一部ではこれは「アート思考（Art Thinking）」という名称で呼ばれています。ピカソのいう「アーティストのままでいられる大人」になるための方法が、ビジネスの世界でも真剣に模索されているのです。

ところで、**「アーティストのように考える」**とはどういうことなのでしょうか？

結論からいえば、「アート」とは、上手に絵を描いたり、美しい造形物をつくったり、歴史的な名画の知識・ウンチクを語れるようになったりすることではありません。

「アーティスト」は、目に見える作品を生み出す過程で、次の3つのことをしています。

①「自分だけのものの見方」で世界を見つめ、
②「自分なりの答え」を生み出し、
③それによって「新たな問い」を生み出す

「アート思考」とは、まさにこうした思考プロセスであり、「自分だけの視点」で物事を見て、「自分なりの答え」をつくりだすための作法です。

もう少し柔らかくいえば、**「あなただけのかえる」を見つける方法**なのです。

ですから、私たちが「美術」で学ぶべきだったのは、「作品のつくり方」ではありません。

むしろ、その根本にある「アート的なものの考え方＝アート思考」を身につけることこそが、「美術」という授業の本来の役割なのです。

その意味で、**「美術」はいま「大人が最優先で学び直すべき科目」である**——美術教師のポジショントークだと思われるかもしれませんが、私は本気でそう信じています。

「13歳」に戻って、思考OSをアップデートする

このような問題意識から、私が担当する中高生向けの「美術」の授業では、作品づくりのための技術指導や美術史上の用語を暗記させるようなことは、ごくわずかしか行いません。実技制作をするときも、生徒たちに「自分なりのものの見方・考え方」を手に入れてもらうことに力点を置いています。

これまで700人以上の中高生に、この「アート思考」の授業を体験してもらいましたが、おかげさまで、たくさんの生徒たちから**「美術がこんなに楽しかったなんて！」「これからもずっと役に立つ考え方が身についた！」**といった感想をもらってきました。

本書『「自分だけの答え」が見つかる13歳からのアート思考』は、私がふだん行っている授業をバージョンアップさせた体験型の書籍です。

タイトルには「13歳からの……」とありますが、「大人」の読者でも十分にお楽しみいただけます。というよりも、**大人の方にこそ「13歳」の分岐点に立ち返っていただき、「美術」の本当の面白さを体験してほしい**というのが、私の願いでもあります。

もちろん「中学生・高校生」のみなさんにもぜひ読んでほしいですし、さらには、お子さんをお持ちの方であれば、本書の内容について「親子」で語り合っていただくのもおすすめです。

さて、それではいよいよ「アート思考の教室」のはじまりです！

まずは本格的な授業に入る前の「オリエンテーション」として、「アート思考とはどんなものなのか」について、もう少し詳しくお話ししておきましょう。そのあとの授業がより理解しやすくなるはずです。

そこで、少しだけ「予告編」。
余裕がある方は、想像してみてください。

いま、あなたの目の前に、小さなタンポポが咲いているとします。
そのタンポポはどんな姿をしていますか?
できるだけ「完全なタンポポ」を「5秒間」で思い描いてみてください。

「自分だけの答え」が見つかる 13歳からのアート思考

CONTENTS

PROLOGUE

「あなただけのかえる」の見つけ方

ORIENTATION

アート思考ってなんだろう
──「アートという植物」

CLASS 1 「すばらしい作品」ってどんなもの？
――アート思考の幕開け

CLASS 2 「リアルさ」ってなんだ？——目に映る世界の〝ウソ〟

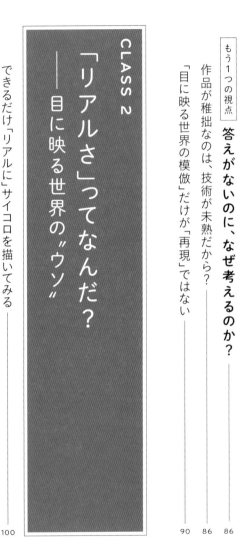

CLASS 3
アート作品の「見方」とは？
——想像力をかき立てるもの

CLASS 4
アートの「常識」ってどんなもの？
――「視覚」から「思考」へ

CLASS 6 アートってなんだ？——アート思考の極致

EPILOGUE
「愛すること」がある人のアート思考

ORIENTATION

アート思考ってなんだろう
――「アートという植物」

つい私たちが見落とすこと――タンポポの思考実験

プロローグの最後で「できるだけ『完全なタンポポ』を思い描いてみてください」と書きました。

みなさん、実際にイメージは膨らみましたか？

読み飛ばしてしまった人は、いまから5秒でけっこうですので、タンポポを心のなかで想像してみてください。

さて、いかがでしょうか？

きっと**「地面から顔を出した鮮やかな黄色の花」を思い浮かべた人がほとんど**ではないかと思います。

しかしじつは、それはタンポポのほんの一部にすぎません。

もう少し想像を膨らませて、地面のなかを覗《のぞ》いてみましょう。

地中には、タンポポの根が伸びています。それは、まるでゴボウのように真っ直ぐで太く、目を疑うほど長く続いています。ものによっては、なんと1メートルに及ぶことすらあるのだとか……。

もうちょっと別の角度でも見てみましょう。

タンポポが花を咲かせている期間は、1年間のうちどれくらいなのかをご存知ですか？

いつでも道端に咲いているような印象もありますが、1つの花が姿を見せるのは、1年のうちなんと「たった1週間程度」です。

春先に短い開花時期を終えたタンポポは、すぐに一度しぼんで、約1カ月後、綿毛に変身を遂げます。春の終わりに綿毛を飛ばし終えると、夏には根だけになって、地上からはすっかり姿を消してしまうのです。秋が来ると葉だけを地上に出し、そのまま冬を越します。

そう、あなたが思い浮かべた「黄色い花を咲かせたタンポポ」は、さまざまに姿を変える大きな植物の〝ほんの一部・一瞬を切り取ったもの〟でしかありません。

空間的にも時間的にも、**タンポポという植物の大半を占めているのは、じつは目には見えていない「地下」の部分**なのです。

アート思考を構成する「3つの要素」

「アート」というのは、このタンポポに似ています。そこで、アートを「植物」にたとえてみたいと思います。少々長めのたとえ話になりますが、どうぞおつき合いください。


「アートという植物」は、タンポポのそれとも違う、不思議な形をしています。

まず、地表部分には花が咲いています。これはアートの**「作品」**にあたります。

この花の色や形には、規則性や共通項がなく、じつに多様です。大ぶりで奇抜なものもあれば、小さくて目立たないものもあります。

しかし、どの花にも共通しているのは、まるで朝露に濡れているかのように、生き生きと光り輝いていることです。

アートという植物

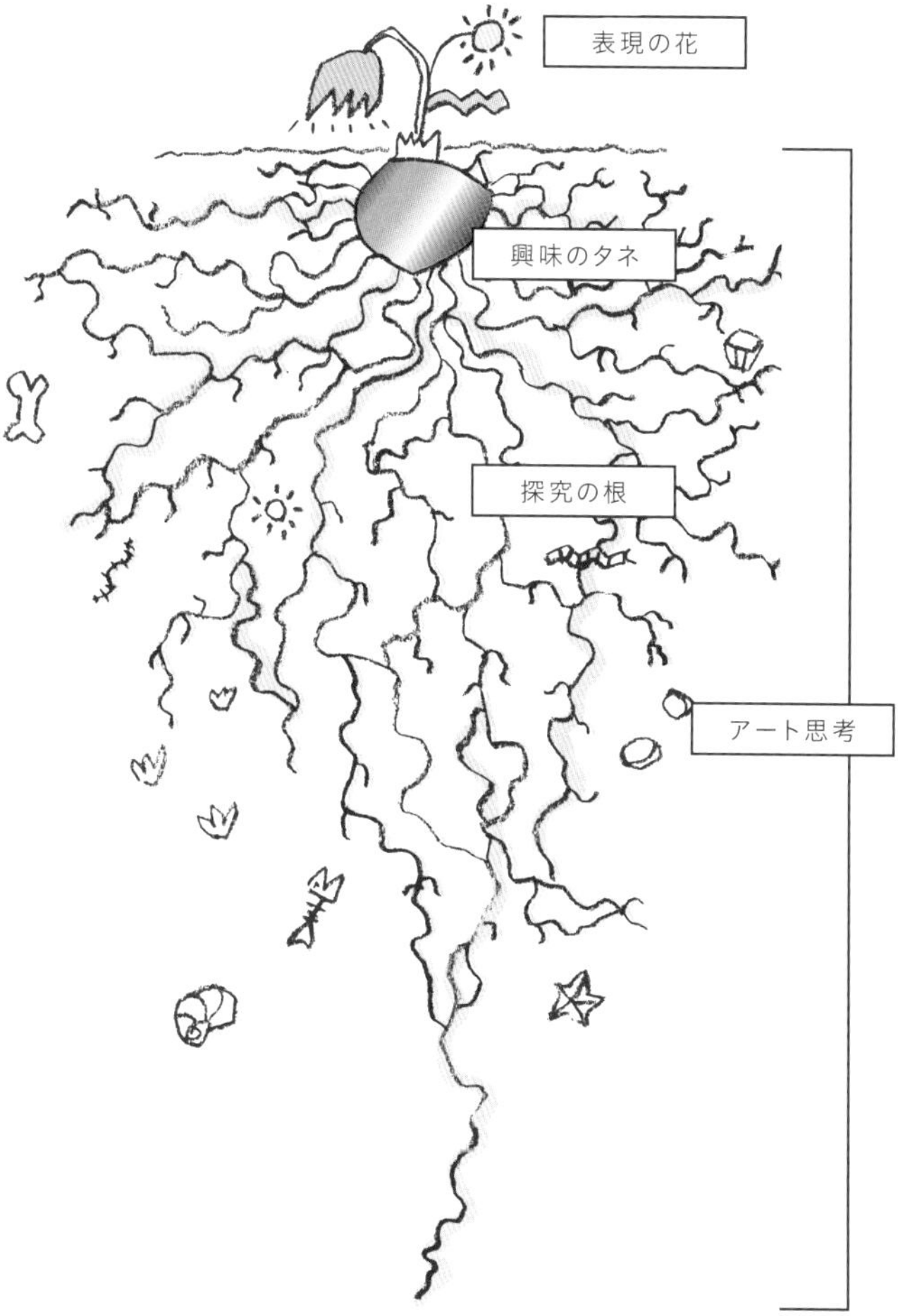

本書ではこの花を「表現の花」と呼ぶことにしましょう。

この植物の根元には、大きな丸いタネがあります。拳《こぶし》ほどの大きさで、7色が入り混じった不思議な色をしています。

このタネのなかには、**「興味」や「好奇心」「疑問」**が詰まっています。

アート活動の源となるこのタネは、「興味のタネ」と呼びたいと思います。

さて、この「興味のタネ」からは無数の根が生えています。四方八方に向かって伸びる巨大な根は圧巻です。

複雑に絡み合い結合しながら、なんの脈略もなく広がっているように見えますが、じつのところ、これらは地中深くで1つにつながっています。

これが「探究の根」です。この根は、アート作品が生み出されるまでの長い探究の過程を示しています。

「アートという植物」は、「表現の花」「興味のタネ」「探究の根」の3つからできています。

しかし、タンポポのときと同様、**空間的にも時間的にもこの植物の大部分を占めるのは、**

目に見える「表現の花」ではなく、地表に顔を出さない「探究の根」の部分です。

アートにとって本質的なのは、作品が生み出されるまでの過程のほうなのです。

したがって、「美術」の授業で依然として行われている「絵を描く」「ものをつくる」「作品の知識を得る」という教育は、アートという植物のごく一部である「花」にしか焦点をあてていないことになります。

美術館などでアート作品を見ても、「よくわからない」『きれい』『すごい』としかいえない」「どこかで見聞きしたウンチクを語ることしかできない」という悩みを耳にしますが、それは、日本の教育が「探究の根」を伸ばすことをないがしろにしてきたからなのかもしれません。

どんなに上手に絵が描けたとしても、どんなに手先が器用で精巧な作品がつくれても、どんなに斬新なデザインを生み出すことができても、それもあくまで「花」の話です。「根」がなければ、「花」はすぐに萎《しお》れてしまいます。作品だけでは、本当の意味でのアートとは呼べないのです。

「アートという植物」の生態を、もう少しよく見てみましょう。

この植物が養分にするのは、自分自身の内部に眠る興味や、個人的な好奇心、疑問です。**アートという植物はこの「興味のタネ」からすべてがはじまります。**ここから根が出てくるまでは、何日も、何カ月も、時には何年もかかることがあります。


このタネから生える「探究の根」は、決して1本とはかぎりませんし、好奇心の赴くまま好き勝手に伸びていきます。それぞれの根は、太さも、長さも、進む方向さえも違い、くねくねと不規則に波打ち、混沌としています。

「探究の根」はタネから送られる養分に身を委《ゆだ》ね、長い時間をかけて地面のなかを伸びていきます。

アート活動を突き動かすのは、あくまでも「自分自身」なのです。他人が定めたゴールに向かって進むわけではありません。

「アートという植物」が地下世界でじっくりとその根を伸ばしているあいだ、「地上」ではほかの人たちが次々ときれいな花を咲かせていきます。なかには人々をあっといわせるようなユニークな花や、誰もが称賛する見事な花もあります。

しかし、「アートという植物」は、**地上の流行・批評・環境変化などをまったく気にかけません。それらとは無関係のところで「地下世界の冒険」に夢中になっています。**

不思議なことに、なんの脈略もなく生えていた根たちは、あるときどこかで1つにつながります。それはまるで事前に計画されていたかのようです。

そして、根がつながった瞬間、誰も予期していなかったようなタイミングで、突然「表現の花」が開花します。大きさも色も形もさまざまですが、地上にいるどの人がつくった花よりも、堂々と輝いています。

これが「アートという植物」の生態です。

この植物を育てることに一生を費やす人こそが「真のアーティスト」なのです。

とはいえアーティストは、花を咲かせることには、そんなに興味を持っていません。

むしろ、根があちこちに伸びていく様子に夢中になり、その過程を楽しんでいます。

アートという植物にとって、花は単なる結果でしかないことを知っているからです。

アート思考と似て非なるもの――「花職人」という道

あと少しだけ、たとえ話を続けます。

世の中には、アーティストとして生きる人がいる一方、タネや根のない〝花だけ〟をつくる人たちがいます。本書では彼らを「花職人」と呼ぶことにしましょう。

花職人がアーティストと決定的に違うのは、気づかないうちに「他人が定めたゴール」に向かって手を動かしているという点です。

彼らは、先人が生み出した花づくりの技術や花の知識を得るために、長い期間にわたって訓練を受けます。学校を卒業するとそれらを改善・改良し、再生産するために勤勉に働きはじめます。

花職人のなかには、立派な花をつくり上げたことで、高い評価を受ける人もいます。

しかし、どんなに精巧な花であっても、まるで蝋細工《ろうざいく》のようにどこか生気が感じられません。

たとえ花職人として成功を収めても、似たような花をより早く、精密につくり出す別の花職人が現れるのは時間の問題です。そうなったとき、既存の花づくりの知識・技術しか持たない彼らには、打つ手がありません。

とはいえ、誰もが最初から花職人になることを志《こころざ》しているわけではありません。一度は自分の「興味のタネ」から「探究の根」を伸ばそうと踏み出したものの、道半ばで花職人に転向する人も多くいます。

なぜなら、根を伸ばすには相当な時間と労力がかかるからです。「これをやっておけば花が咲く」という確証もありません。その間、周囲の花職人たちは美しい花をどんどん咲かせ、地上でそれなりの成功を収めていきます。ほとんどの人は、途中まで伸ばしかけた根を諦めて、花職人になる道を選びます。

「アーティスト」と「花職人」は、花を生み出しているという点で、外見的にはよく似ていますが、本質的にはまったく異なっています。

「興味のタネ」を自分のなかに見つけ、「探究の根」をじっくりと伸ばし、あるときに独自の「表現の花」を咲かせる人――それが正真正銘のアーティストです。

粘り強く根を伸ばして花を咲かせた人は、いつしか季節が変わって一度地上から姿を消すことになっても、何度でも新しい「表現の花」を咲かせることができます。

「アート的な考え方」を体現した「知の巨人」

「アートという植物」のお話におつき合いいただき、ありがとうございました。

少々長くなりましたが、アートやアーティストが「なんであるか／なんでないか」が、なんとなくおわかりいただけたでしょうか？

私がこのような比喩《ひゆ》を持ち出したのには、2つの理由があります。1つは、**あまりに多くの人が「アート＝アート作品」だと勘違いしている**からです。いまお話ししたとおり、アートという営みにおいて、「作品」というのは地表に出ている「花」でしかありません。

「表現の花」は最も目立つ部分ではありますが、あくまでも一部分でしかないのです。

もう1つの理由は、本書のテーマである「アート思考」について、イメージをつかんでいただきたかったからです。

単純化していえば、アート思考というのは、アートという植物のうちの地中部分、つまり「興味のタネ」から「探究の根」にあたります。ちょっとかしこまった定義をするなら、アート思考とは「**自分の内側にある興味をもとに自分のものの見方で世界をとらえ、自分なりの探究をし続けること**」だといえるでしょう。

さて、ここで質問です。上の肖像画の人物、誰だかわかりますか？　この人物について、みなさんに聞いてみたいことが2つあります。

1 この人物は「アーティスト」ですか？

2 なぜそう思いましたか？

この人物、名前はご存知ですよね？

そう、レオナルド・ダ・ヴィンチ（1452～1519）です。

ダ・ヴィンチはルネサンス期にイタリアで活躍した人物で、《モナ・リザ》の絵でよく知られています。1974年に東京国立博物館で開催された「モナ・リザ展」には、2カ月間でなんと150万人以上が駆けつけたといいますから、[03]日本でも知らない人はいないといっていいレベルの偉人です。

ここで改めて宣言するのもおかしいのですが、**ダ・ヴィンチは正真正銘のアーティスト**です。

しかし、それはダ・ヴィンチが「超有名だから」ではありません。また、《モナ・リザ》をはじめとする彼の作品が卓越した描画力《びょうがりょく》で美しく描かれているからでもありません。

ダ・ヴィンチがアーティストであるといえるのは、彼が自分の「興味のタネ」に忠実に従い、「探究の根」を伸ばすことで、「表現の花」を見事に咲かせ、「アートという植物」を育て上げた典型的な人物だからです。

ダ・ヴィンチの「興味のタネ」は、「目に見えるものすべてを把握する」ということにありました。彼は、師匠から教わった絵の描き方や、書物にある知識には満足できませんでした。だからこそ、自分の目と手を使って自然界を徹底的に観察し、あらゆる事象を理解しようとしたのです。

「なんで海は青いの?」「雲の上はどうなっているの?」と自由奔放な疑問を投げかけて大人を困らせる小さな子どものように、ダ・ヴィンチは興味の赴くままに「探究の根」を伸ばしていきました。

その「探究の根」はアートの領域に留まらず、科学の分野へも横断します。彼は、30体以上の人体を解剖し、膨大な数のスケッチと研究で人体の構造を探りました。また、ライト兄弟が飛行機を発明する4世紀も前に、昆虫や鳥の飛翔原理の分析に没頭し、ガリレオの地動説以前に、「太陽は動かない」という言葉を自身の研究ノートに記しているというから驚きです。

彼がやっていたのは、まさに**「自分の内側にある興味をもとに自分のものの見方で世界をとらえ、自分なりの探究を続ける」というアート思考のプロセスそのもの**です。

ダ・ヴィンチのモチベーションは「表現の花」を咲かせることよりも、「探究の根」を伸ばす地下世界の冒険のほうにありました。

それゆえ、7000ページ以上にも及ぶスケッチや研究があるにもかかわらず、完全に仕上げた絵画作品は生涯でたったの9点ほどともいわれています。[04]

しかし《モナ・リザ》をはじめとする彼の「表現の花」は、500年以上経ったいまでも独自の輝きを放ち、世界中の人々に影響を与え続けています。

誰もが〝アーティストのように〟考えた経験がある

ところで、ここまでの話を読んで、次のように感じている人はいませんか？

「『アート思考』がすごいのはわかったけど、私は別にアーティストになりたいとは思っていないし、そもそもダ・ヴィンチみたいにアートの才能があるわけじゃないし……」

ごもっともな感想です。

しかし、ここでお伝えしておきたいのは、アート思考は画家や彫刻家といった狭義のアーティストを目指す人のためだけのものでもなければ、デザイナーのようなクリエイティブ関連の仕事に就きたい人のためだけのものでもないということです。

またこれは、生まれ持った才能やセンスに依存するものでもありません。

勘の鋭い人であれば、**「アートという植物」にまつわる話が、決してアートの世界だけにかぎった話ではない**ことにお気づきになったのではないでしょうか。

- □誰かに頼まれた「花」ばかりをつくってはいないか？
- □「探究の根」を伸ばすことを途中で諦めていないか？
- □自分の内側にあったはずの「興味のタネ」を放置していないか？

これらは、日々の仕事や学び、さらには生き方全般にもあてはまる問いです。

モネの《睡蓮》のなかに「かえる」を見つけた男の子のエピソード（6ページ）をご紹介した際、私が次のように問いかけたのを覚えていますか？

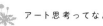

「しかし、ビジネスだろうと学問だろうと人生だろうと、こうして『自分のものの見方』を持てる人こそが、結果を出したり、幸せを手にしたりしているのではないでしょうか？

じっと動かない1枚の絵画を前にしてすら『自分なりの答え』をつくれない人が、激動する複雑な現実世界のなかで、果たしてなにかを生み出したりできるでしょうか？」

アート思考は、まさにこの「自分のものの見方」「自分なりの答え」を手に入れるための考え方です。その意味で、**アート思考はすべての人に役立ち得る**ものなのです。

とはいっても、決して身がまえる必要はありません。「すべての子どもはアーティストだ」というピカソの言葉のとおり、人は誰でもアート思考をかつては実践できていたはずだからです。あなたも決して例外ではありません。

子どもだったときのことを思い出してみてください。

沿道に生えた、名もなき小さな花が目に留まり、しゃがみこんで観察したこと。

近所に見知らぬ小道を見つけ、「どこにつながっているのだろう?」とワクワクしながら探検してみたこと。

裏の畑に大人の背丈《せたけ》ほどの砂山を見つけ、最高の遊び場に変えてしまったこと。

まるで初めて地球に降り立った宇宙人のように、あなたもきっと、あらゆる些細《ささい》なものごとを、新鮮な目で見つめていたはず。そして「自分の興味・好奇心・疑問」に従ってためらいなく行動し、「自分なりの答え」を見つけ出そうとしていたはずです。

しかし、あなたが子どものころに持っていた「興味のタネ」や伸びかけていた「探究の根」は、いつからか元気をなくしてしまったようです。

いろいろな原因が考えられますが、プロローグで指摘したとおり、最も大きいのは「教育」の影響ではないかと私は思います。

アート思考を取り戻すのは決して難しいことではありません。

「新たなことを学ぶ」のではなく、「13歳」の分岐点に戻り、「かつて実践していたことを思い出す」だけでいいのですから——。

「正解を見つける力」から「答えをつくる力」へ

「でも、子どものように世界をとらえる力なんて、いまさら必要なのかな？」
「『美術』を学んでも、世の中では大して役に立たないのでは？」

そんな疑問をお持ちの方もまだいるでしょう。そこで最後に、アート思考が〝なぜあなたに必要なのか〟について、お話ししておきたいと思います。

わかりやすさのために、「美術」とはいわば正反対の教科である「数学」と対比しながら説明させてください。あらかじめお断りしておきますが、私は「数学」が不要だと主張するつもりはありません。あくまでもわかりやすくするために引き合いに出すだけですので、どうかあしからず……。

まず、数学には「太陽」のように明確で唯一の答えが存在しています。

たとえば、「1＋1＝2」が正しいことは、すでにはっきりしています。個人が勝手に「い

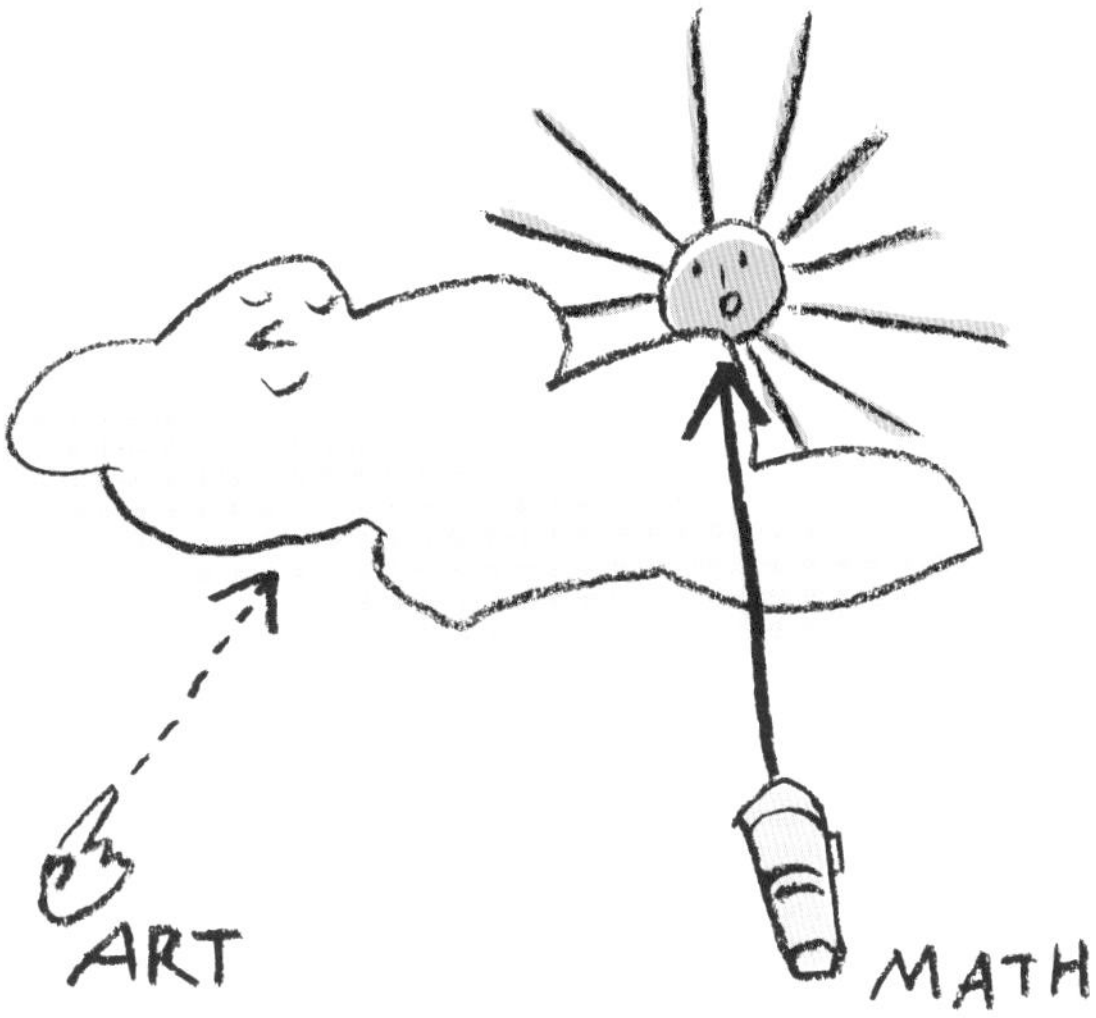

や、ひょっとすると『1＋1＝5』なのかも……」などと疑う余地はどこにもありません。

まだ答えの見つかっていない事柄は山ほどありますが、必ずどこかに揺るぎない1つの答えが存在するというのが、この教科の基本的なルールです。**数学はこうした「正解（＝太陽）」を〝見つける〟能力を養います。**

一方、美術（アート）は数学とはまったく違っています。

数学が「太陽」を扱うのだとすれば、美術が扱うのは「雲」です。太陽はいつもそこにありますが、空に浮かぶ雲はつねに形を変え、一定の場所に留まることもありません。アーティストが探究の末に導き出す「自分なりの答え」は、そもそも形が定まっておらず、見る人や時が異なれば、いかようにも変化します。

子どもは空に浮かぶ雲を飽きることなく眺めながら、「ゾウがいるよ」「あれ？　巨人にも見える」「あ、トリになった！」などと「自分なりの答え」をつくり続けますよね。教科としての**「美術」の本来の目的は、このように「自分なりの答え（＝雲）」を〝つくる〟能力を育む**ことなのです。

これまでの世界で圧倒的に支持されてきたのは、前者の能力でした。「数学」は多くの場合、入試科目に入りますが、ごく一部の学科を除けば、受験生に「美術」を課すような学校はありません。

しかし、「どうやらこれだけではまずいことになるぞ……」ということに世の中が気づきはじめています。この背景になっているのが、いわゆる「ＶＵＣＡ《ブーカ》ワールド」と形容される現代社会の潮流でしょう。

ＶＵＣＡとは「Volatility＝変動」「Uncertainty＝不確実」「Complexity＝複雑」「Ambiguity＝曖昧」の4つの語の頭文字を取った造語で、**あらゆる変化の幅も速さも方向もバラバラで、世界の見通しがきかなくなった**ということを意味しています。[05]

「『敷かれたレールに従っていれば成功できる』という常識が通用しない世界になった」という警句は、以前からずいぶんといろいろなところで聞かれるようになりました。だからこそ、ここ10年くらいは「時代の変化にいち早く対応しながら、『新しい正解』を見つけよう」というのが、お決まりごとのように語られてきたのです。

しかし、現代のようなVUCAの時代にあっては、もはやこのやり方すら役に立ちません。どんなに変化にすばやく食らいつこうと思っても、もはや追いつけないほどに世の中の変動が激しくなってしまったからです。たった1つのテクノロジーが、全世界の枠組みをまるごと変えてしまうようなことも、もはや珍しくありません。

世界が変化するたびに、その都度「新たな正解」を見つけていくのは、もはや不可能ですし、無意味でもあるのです。

ここにさらに追い討ちをかけるのが「人生100年時代」です。私たちはこんな不透明な世界に、これから永きにわたって向き合っていかねばなりません。

なかでも、子どもたちには深刻な話です。なんと「2007年に生まれた日本の子どもの半数が、107歳より長く生きる」という報告もあります。[06] 本書執筆時点で13歳の人が

107歳になるのは西暦2114年、22世紀です。そのとき、いったいどんな世の中が訪れているか予測することはできるでしょうか？

もちろん、大人も事情は変わりません。もはや「これさえやっておけば大丈夫！」「これこそが正解だ！」といえるような「正解」は、ほとんど期待し得ないからです。

そんな時代を生きることになる私たちは、「『太陽』を見つける能力」だけでは、もう生きていけません。むしろ、**人生のさまざまな局面で「自分なりの『雲』をつくる力」が問われてくる**はずです。

これを身につけるうえで、「美術」という教科ほどうってつけのものはありません。

だからこそ（もう一度だけ繰り返させてください）、**子どもにとっても大人にとっても、いままさに最優先で学ぶべき教科は、ほかでもなく「美術」である**と私は確信しています。

なぜ6つの「20世紀アート作品」なのか？

「アート思考」とはどんなものか、なんとなく輪郭をつかめたでしょうか？

「まだよくわからないな……」という人も安心してください。

いよいよはじまる「アート思考の教室」では、アート作品を題材にしながら、アーティストたちが「自分なりの答え」をつくっていくアート思考の過程を体験していきます。

ただし本書では、みなさんが期待しているほどたくさんの作品は登場しないかもしれません。**主に取り上げるのは、「20世紀に生まれた6つのアート作品」**です。これには2つほど理由があります。

まず、「なぜたった6つなのか?」の理由です。

いま、専門書や美術書とは異なる一般向けの書籍のなかにも、たくさんの美しいアート作品を紹介し、幅広い教養が身につくことを謳《うた》っているものがあります。

しかし、ここまでの内容をお読みいただければおわかりいただけるとおり、**アート思考の本質は、たくさんの作品に触れたり、その背景知識を得たりして、「教養」を身につけることにはありません。**

本書でお伝えしたいのは、あくまで1つのアート作品をきっかけとして、あなたの「探究の根」をじっくりと伸ばし、「自分なりの答え」をつくるための作法です。

ですから、いたずらに多数の作品を紹介するのではなく、厳選した6つの作品を通じて思考を深めていくスタイルをとることにしました。

もう1つは、「なぜ20世紀の作品なのか？」に関する理由です。

それは、長いアートの歴史のなかでも、20世紀に生まれたアート作品こそが、「アート思考」を育む題材としては最適だと私が考えているからです。

西洋美術の大きな流れを見てみると、14世紀にはじまるルネサンスから、20世紀が到来するまでのおよそ500年ものあいだには当然、多種多様な「作品＝花」が生み出されました。

しかしながら、現代から振り返ってみると、それらはほとんど共通して「ある1つのゴール」に向かっていたことがわかります。しかも、そのゴールというのは、アーティストたちの内発的な「興味のタネ」から生み出されたものというよりは、「外部」からもたらされたものだったのです。

他方、20世紀に入ると、その状況が一変します。19世紀に生まれた「あるもの」が世の中に普及したことで、それまでアーティストたちを惹《ひ》きつけてやまなかったゴールが大きく揺らぐことになったのです。

それ以来、20世紀のアーティストたちは、自分自身のなかに「興味のタネ」を見い出し、そこから「探究の根」を伸ばすことで「表現の花」を咲かせるというプロセスに、かなり自覚的に取り組むようになりました。つまり、**20世紀のアーティストたちには「アート思考の痕跡《こんせき》」がかなりはっきりと認められる**のです。

なお、その6つの作品がなんなのかは、ここではお伝えしません。

すでにご存知の有名な作品もあるでしょうし、「なんだこれは……!」とビックリするような作品もあると思います。どうかお楽しみに!

さて、オリエンテーションの最後に、本書の進め方を簡単に説明させてください。

本書は全部で「6つのクラス(=授業)」に分かれています。それぞれのクラスでは主たる20世紀の作品を年代順に1点ずつ扱い、各クラスの「問い」について考えを巡らせます。

授業は一貫してライブ形式になっていますので、13歳に戻ったつもりで生徒たちと一緒にアート思考を深める過程をご体験ください。

さらに、各クラスの後半には「もう1つの視点」というパートを設けました。ここでは、クラスの前半で学んだことを、別の角度から深めていきます。

クラスの冒頭や途中には、実際に手を動かしたりするエクササイズパート「やってみよう」が用意されていたり、それ以外にもたくさんの「問いかけ」が入っていたりします。

本書の目的は、単に「アート思考の方法」を知識として頭に入れることではなく、「自分なりの答え」をつくる過程を体験していただくことです。ぜひ読み飛ばさず、「やってみよう」に挑戦したり、問いかけに考えを巡らせたりしていただければと思います。

「やってみよう」に取り組むために、事前に「紙」と「筆記用具」を用意しておくことをオススメします。

さあ、いよいよ本格的な授業に入っていきましょう。

さきほど私は、20世紀に「あるもの」が普及したことによって、アーティストたちを取り巻く状況が一変したと書きました(52ページ)。ある意味では、**すべてはその「事件」からはじまったといっても過言ではないのかもしれません。**

その「あるもの」とはいったいなんなのか? 最初のクラスで解説していきます。

CLASS 1

「すばらしい作品」ってどんなもの?

── アート思考の幕開け

「すばらしい自画像」を描いてみてください

あなたはアート作品を見て、「すばらしいなあ」と感じたことはありますか?

「ある!」という方は、とてもいい鑑賞経験をお持ちなのだと思います。

もちろん、「あまりないかもなあ……」という人も、安心して授業を受けてください。

それにしても……**「アート作品がすばらしい」というのは、そもそもどういうことなのでしょう?** 作品がどんな要素を持っていれば、「すばらしい」「すぐれている」という評価になるのでしょう?

そこで、このクラス1では、「『すばらしい作品』ってどんなもの?」という問いから、探究の冒険をスタートさせてみたいと思います。

さっそくですが、これについて「実感」を伴って考えていただくために、エクササイズを用意しました。ぜひ実際に手を動かしてみてください。

やってみよう

自画像を描く

「鉛筆」と「紙」と「鏡」を用意して、
自画像を描いてみましょう。
描き方について私からアドバイスは
一切しません。自分なりのやり方で、
自分の顔を描いてみてください。
紙の用意がない方は、本書の余白ページなどを
使っていただいてもけっこうです。
それではやってみましょう!

お疲れさまでした。いかがでしたか？　……といいたいところですが、ほとんどの人は手を動かすことなくこのページに進んだのではないでしょうか？

「いま電車に乗っているから」「鏡や筆記用具が手元になかったから」という物理的な制約を抜きにしても、よほど絵が好きな人やとても真面目な人でもないかぎり、前ページの指示に従って自画像を描いた人は、少ないのではないかと思います。

ところで、あなたは「自画像」を描くエクササイズを提示されたとき、どんな気持ちになりましたか？

「面倒だし嫌だなと思った」
「自信がない。うまく描ける気がしない……」
「いきなり自分を描けといわれて、けっこう戸惑った」

ひょっとしたら、**アートに対する苦手意識があなたの手を止めていた**のかもしれません。実際、絵を描くということに対して、コンプレックスやネガティブなイメージを持っている人は少なくないように思います。

「すばらしい絵」をどう選ぶのか?

さて、エクササイズをスキップした人も、ほかのみなさんが描いた自画像を見てみることにしましょう。ここでは6人の作品をピックアップしたので、それを次の2つのステップで鑑賞してみたいと思います。

1 6つの自画像のうち「最もすばらしい」と思うものを1点選び、丸をつけてください
2 「なぜ、それがすばらしいと感じたのか」を説明してください

ここでとくに大事なのは、2つめのステップです。

なんとなく選んだものであっても、「なぜ/どこがすばらしいのか」を具体的に考えることによって、いまのあなたがなにを基準にして作品を見ているのかを認識できるはずです。

それではどうぞ!

どれがいちばん“すばらしい”？　→　それはなぜ？

1

2

3

4

5

6

さて、みなさんが選んだ結果を見てみると、**最も多くの人が選んだのは、作品③や作品⑥**のようですね。作品③を選んだ人たちに、「なぜ選んだのか」を尋ねてみましょう。

「目鼻立ちが正確で、一瞬で誰を描いたのかがわかる」

「再現度がすごい。髪の毛・まつげ・眉毛の1本1本まで描いてある。黒目のなかの光っているところもかなり好き」

「鉛筆の使い方がすごくうまい。影が上手に描けているから、顔の輪郭とか鼻とかが立体的に見える」

あなたは何番の絵を選びましたか? そのとき、**なにを基準にして「すばらしい」と判断しましたか?**

それが、いわば「いまのあなたが持っているものの見方」です。しかし、もしそれとはまったく異なる「ものの見方」があるとしたら……?

「20世紀アートを切り開いた絵」は本当にうまい？

いったん「自画像」から離れ、ここからはあるアーティストによるアート作品を1つ取り上げていきたいと思います。

「20世紀のアートを切り開いたアーティスト」と称される**アンリ・マティス**（1869～1954）の作品です。

いまから見ていくのは、1905年に発表された**《緑のすじのあるマティス夫人の肖像》**という絵です。これはマティスの今日の評価を生んだ、代表作ともいえる作品の1つです。

キャンバスのサイズは縦40・5センチ×横32・5センチ。わりと小型の作品で、油絵具で描かれています。

みなさんには「自画像」を描いてもらいましたが、マティスはこの絵で「妻の肖像」を描きました。

では、さっそくその作品を見てみましょう。

Henri-Matisse

1869年にフランス北部の田舎町で生まれたマティスは、パリの大学で法律を学び、法律事務所に勤務していました。

彼がアートに目覚めたのは20歳のとき。虫垂炎になり、療養中の暇つぶしに母が画材を用意したのがきっかけでした。

アンリ・マティス（1913年）

その後、アカデミー・ジュリアンという美術学校で油彩画を学び直し、20世紀半ばに没するまで数々の作品を世に送り出しています。

ところでみなさん、マティスの絵を見てどう感じましたか!?

果たして「すばらしい！」と思ったでしょうか？

「ヘンなことをいうと笑われそうだ……」と気になるかもしれませんが、まずは率直に、見たまま、感じたままの感想を口にしてみましょう。

「すごい画家といわれて期待していたけど、正直うまくない……」

「なんか、雑……」

「女性ということだけれど、かなり男顔」
「こんなふうに描かれて、マティスの妻は怒ったんじゃないかな」
「色使いのセンスがあまり好きじゃない」

みなさんから出てくる言葉は、この絵の現在の評価とはだいぶ違っているようです。

アウトプットは「鑑賞の質」を高める

ところであなたは、たったいま、《緑のすじのあるマティス夫人の肖像》をどれくらいよく見ましたか？　じっと見ていた時間は、何秒間くらいだったでしょうか？
確認するために、私から1つクイズを出しましょう。

マティス夫人の「眉毛」は、何色でしたか？

「黒」と答えた人、残念ながら違います。

「まったく覚えていない」「眉毛の色はうろ覚えだなあ」という人は、おそらくわずか1、2秒でページをめくっていたのではないでしょうか（実際の色が気になる人は、ページを戻って確認してみてください）。

自分の感覚器官を駆使して作品と向き合うことは、「自分なりの答え」を取り戻すための第一歩です。しかし、プロローグでもお伝えしましたが、「作品をよく見る」ことは、意外と難しいのです。美術館に行っても、タイトルや解説文だけに「答え」を見つけ出そうとしてしまう人がほとんどです。

そんなときには「アウトプット鑑賞」がおすすめです。これは、このあとの授業でもたびたび登場する方法です。

「アウトプット鑑賞」のやり方は至って簡単。**作品を見て、気がついたことや感じたことを声に出したり、紙に書き出したりして「アウトプット」すればいい**のです。

たとえば、《緑のすじのあるマティス夫人の肖像》の場合なら、「人が描かれている」「背景が緑、ピンク、赤に塗り分けられている」など、見れば誰にでもわかるようなことからはじめます。

「そんなあたりまえのことを……」と思われるかもしれませんが、こうして次々とアウトプットしていくことで、漠然と眺めるよりもはるかに「よく見る」ことができます。そのうちに、「眉毛の色が青と緑だ」というところまで気がつくかもしれません。

誰かと一緒に「アウトプット鑑賞」をやってみるとさらに面白さが増しますよ。相手の気づきが新たな気づきを生み、自分だけでは思い至らなかったようなことまで考えるきっかけになるからです。

妻の「公開処刑」ともいえる肖像画

それではもう一度、《緑のすじのあるマティス夫人の肖像》に向き合い、次のポイントを意識しながら「アウトプット鑑賞」をやってみましょう。

□「色」についてなにか気がついたことはありますか？
□「形」や「輪郭」についてはどうでしょうか？
□「筆の使い方」について特徴はありますか？

「えーっと、鼻筋が緑色。タイトルどおりだけど……」

「背景が3色。緑、ピンク、赤」

「背景の色の切り替わりが不自然」

「顔の左右で顔色が違う。右がピンクっぽくて、左は黄緑っぽい」

「塗り方も左右で違っていない？　右は雑に筆跡が残っていて、左はツルッとしている」

「右は肌荒れ、左は健康的」

「右は貧乏だったころ、左は裕福な現在」

「それか逆に、右は老けた現在、左は若かりしころとか」

「右はすっぴん、左はメイク後？」

「右は怒りの妻、左は穏やかなとき。左の口角がほんの少し上がっていて微笑んでいるように見えてくる」

「左右の顔のパーツが非対称」

「顔、首、身体の位置がなんだか不自然に感じる。姿勢がよすぎるからかなあ」

「塗り方が荒い。筆の跡がたくさん残っている」

「力強い絵だと思う。色も塗り方も」

「ところどころ、白い下地の色が見えている。塗り残しかな……？」

「額《ひたい》のあたりに筆跡が横に入っているから、シワみたいに見えない？」

「右の疲れ方がハンパない。目の隈《くま》が怖い……」

「目の上にも影があるから、彫りが深いだけかもよ」

「絵のモデルになっているのに、怒っているように見える」

「マティスはなぜ自分の奥さんをこんなふうに描いたのだろう」


「なんだか男みたい。髪の部分を手で隠していたらほぼ男に見える」

「髪型が昔のサムライにしか見えない」

「髪が１つの塊になっていて髪の毛が１本も描かれていない」

「生え際に赤いラインが入っているのが妙に気になる……」

「髪が青い。黒ではなくて」

「眉毛が青と緑だ」

「よく見ると輪郭線も青いね」

「ところどころ、輪郭線がある部分とない部分とがある」

「輪郭が直線的だから強そうに見えるのかなあ」

「背景の左右の色と、顔の左右の色が真逆になっている。ほら、背景は左が赤系だけれど、顔は右が赤系というように」

「黒目や服の模様の色も、背景の色と対照になっている」

「この絵って、大きく分けると3色しか使われていない……！ 赤、緑、青」

「ほんとうだ。はじめはすごくたくさんの色が使われていると思ってたけど」

「アウトプット鑑賞」はどうでしたか？

少なくともこの絵を初めて見たときに比べれば、じっくりと自分の目で鑑賞できたのではないでしょうか。

しかし……見れば見るほど、果たしてこれが「20世紀のアートを切り開いたアーティスト」の、それも「代表作」といえるのだろうかと、疑わしく思えてきませんか？

正直、「色」「形」「塗り方」のどこをとっても、そこまで褒められるものではありません。とくに、色使いはめちゃくちゃです。

「この程度なら、もっとうまく描ける人はいくらでもいるよ」とも思えてきます。

当時の評論家は、マティス夫人のひどい側面をアピールしたようなこの肖像画を見て、これはまるで夫人への「公開処刑」だとまでいって皮肉りました。[07]

しかし、**いったいなぜ、マティスは自分の妻をこのように描いたのでしょうか？**

それを読み解くには、西洋絵画の歴史を、さらに500年ほど遡《さかのぼ》る必要があります。

……といってもご安心を。この授業の目的は、美術史の知識を得ることではありませんから、みなさんの「探究の根」を伸ばすのに必要な要点だけを、できるかぎり噛み砕いて解説します。

なお、ここでのお話は、《緑のすじのあるマティス夫人の肖像》を読み解くためだけのものではなく、このあとの授業全体を、よりいっそう楽しんでいただくためのベースにもなります。少しだけおつき合いください。

「ルネサンス画家」と「20世紀アーティスト」の違い

マティスの時代から遡ること500年。時代はルネサンス[08]です。西洋美術の基礎となる技法の多くは、14世紀あたりからはじまるこの時期に確立しました。

「ルネサンス絵画」と聞いて、みなさんはどんなイメージを持ちますか？

この時期には「なに」が描かれていたと思いますか？

「うーん、いろいろな画家が自由に描きたいものを選ぶわけだから、ありとあらゆるものが描かれていたんじゃないですか？」

じつは、そうではありません。**ルネサンスの時代には、「画家が描きたいものを自分の好きなように描く」という考え方は、ほとんどありませんでした。**

そういった発想は、ずっとあとの時代に定着したものだからです。[09] 私たちがなんとなく持っている「画家＝自由奔放で我が道を行く人」というイメージは、当時は決して一般的ではなかったのです。

ルネサンス時代の画家は、主に「教会」や「お金持ち」によって雇われ、依頼された絵を描いていました。

彼らは、「アーティスト」というよりも、注文によって家具や装身具などをつくる人たちと同じ「職人」として扱われていたのです。

オリエンテーションで紹介したレオナルド・ダ・ヴィンチは、ルネサンス期に画家の地位向上のために奮闘したことでも知られていますが、彼でさえも現代のような独立したアーティストではなく、やはり教会やお金持ちに雇用される立場にありました。

宗教画（レオナルド・ダ・ヴィンチ《最後の晩餐》1495〜1498年、サンタ・マリア・デッレ・グラツィエ修道院、ミラノ）

では、教会やお金持ちは、画家にどのような絵を〝注文〟していたのでしょうか？

まず「教会」が求めたのは、もちろん、**「キリスト教」をテーマにした宗教画**です。

肖像画（ティツィアーノ・ヴェチェッリオ《若いイギリス人の肖像》1540〜1545年、パラティーナ美術館、フィレンツェ）

16世紀ごろまでのヨーロッパでは、ごく一部の知識階層を除き、文字を読める人はほとんどいませんでした。[10]そんななかで、よりいっそうキリスト教を広めるために、絵画によって聖書の世界観をビジュアル化するという手段がとられたのです。

聖書の内容を「現実味を帯びた絵画」にすることで、より多くの人が明確なイメージを共有することができます。口頭だけで伝えるよりもずっと効果的だったことでしょう。

「昔の絵はどうしてこうも宗教画ばかりなのだろう」と感じたことがある人もいるかもしれませんが、そこにはこのような事情があったのです。

もう一方の依頼主は「お金持ち」ですが、その代表格はやはり**「王侯貴族」**です。王侯貴族たちは**「肖像画」**を求めました。当時、権威や権力を示すうえで、自分の姿を残すことができる肖像画は欠かせないものだったからです。

当然ながらそこで求められるのは、アーティストの個性的な表現よりも、「生き写しであるかのような正確な表現」です。

また、王侯貴族のあいだでも「キリスト教」が主題の絵画は人気でしたし、**「神話」を扱った作品**ももてはやされました。

とくに、古代の地中海世界で生まれたギリシャ神話は、ルネサンス期の西洋人にとって欠かせない教養でした。これらの絵画を所有していることで、本人の学識を誇示できると考えられていたのです。

これらの絵では、遠い昔の物語が、まるでいまここに存在するかのように「臨場感のある表現」で描かれることが求められました。

さて、時代が進み17世紀頃になると、絵画を購入する新たなお金持ち階層として**「裕福な市民」**が登場してきます。

彼らのなかでも、カトリックの偶像崇拝に反対して台頭したプロテスタント信徒たちは、宗教画を求めませんでした。また、深い知識が必要な従来の主題よりも、わかりやすく身近な絵画を好む傾向もあったようです。

神話を扱った作品（サンドロ・ボッティチェッリ《ヴィーナスの誕生》1483年ごろ、ウフィッツィ美術館、フィレンツェ）

風景画（ヤン・ファン・ホイエン《マース河口（ドルトレヒト）》1644年、国立西洋美術館、東京）

経済的余裕のできた市民は、「肖像」以外にも、**「風景」「日常生活」「静物」などを題材にした絵**を欲しがります。

しかし、その目的はあくまでも、自分たちの生活や故郷などの一場面が切り取られ、見事な絵として描き上げられること。

そこでもやはり、「現実感のある表現」が望まれたのです。

「花職人」が目指していた「ゴール」とは？

ルネサンスの時代には数多くのすぐれた画家が登場し、膨大な作品が生み出されました。

しかし、それらのほとんどは、教会やお金持ちからの要望によって描かれたものです。

その意味で、当時の画家の多くは、「真のアーティスト」というよりも、他人に定められたゴールに向かって手を動かす「花職人」（36ページ）に近かったといえます。

そして、そこで一貫して求められていたのが、まるで手を伸ばせば触れられるような「写実的な表現」でした。

画家たちは、目に映る3次元の世界を2次元のキャンバスに描き写すにはどうすればいいかをめぐって、試行錯誤を繰り返しました。「遠近法」など西洋絵画の基礎となる多くの方法論は、ルネサンス期の数百年間をかけて、彼らが少しずつ発明していったものです。これらはやがて、目に映るものをそのとおりに描くための理論として確立されていくことになります。

その後、20世紀が訪れるまでの長いあいだ、「目に映るとおりに世界を描くこと」は画家たちを惹きつけてやまないテーマとなりました。

もちろん、500年もの期間には、そうやってひと括《くく》りにはできないような多様なアート作品が生まれていますが、いずれも根本をたどれば目的は同じだったといえます。[11]

当時、ほとんどの人々にとって、**「すばらしい絵」**とは**「目に映るとおりに描かれた絵」であり、それこそがアートの「正解」だと考えられていた**のです。

アート界の秩序を破壊した「あるもの」

20世紀に入ると、そうしたアートの存在意義は、根本から揺るがされることになりました。

そう、すでに予告しておいた「あるもの」がここに関係しています。私はオリエンテーションの最後で、20世紀に「あるもの」が普及したことによって、アーティストたちを取り巻く状況が一変したと書きました(52ページ)。

それはなんだかわかりますか?

「あるもの」——それは「カメラ」です。

世界最初の写真は1826年に撮影されました。その後、改良が重ねられ20世紀初頭には徐々に大衆に広がっていきます。

しかし、なぜカメラがアートに影響を与えるのでしょう?

もうわかりますよね？

カメラがあれば、きわめて「速く・正確に」現実世界を写し取ることができます。熟練した技術もほとんど必要ありません。

カメラの登場により、「目に映るとおりに世界を描く」というルネサンス以降のゴールが崩れてしまったのです。

写実的な歴史画で名を成した19世紀の画家ポール・ドラローシュは、写真を目の当たりにしたときに唖然としてこういったそうです。

「今日を限りに絵画は死んだ[12]」

こうして、アートの世界にもあったはずの「太陽」のような明確な答えは消え、アートはそもそも「雲」のような曖昧なものを対象にしていたことが判明してしまったのです。

「カメラが誕生したいま、アートの意義とはなんなのか？」
「自分たちアーティストはいったいなにをしていけばいいのか？」
「アートでしか実現できないことはあるだろうか？」

アーティストたちの頭のなかには、かつてないほど巨大な問いが浮かび上がりました。従来のゴールを失った彼らは、こうして本格的に各々の「探究の根」を伸ばしはじめたのです。

なんのために「緑の鼻すじ」を描いたのか？

マティスが《緑のすじのあるマティス夫人の肖像》を描いたのは、そんな時代の最中のことでした。彼は、カメラの登場によって浮き彫りになった「**アートにしかできないこととはなにか？**」という疑問に対して、彼なりの答えを提示したのです。

彼が生み出した答えは、それまでのアートの常識をひっくり返しました。《緑のすじのあるマティス夫人の肖像》は当時のアート界に大きな衝撃を与え、評論家たちは「なんだ、この野獣のような色彩の絵は⁉」と批判し、騒ぎ立てたといいます。[13]

そこで最後に、マティスがこの絵画のなかで「なに」を試みたのかを考えてみましょう。

みなさんが「アウトプット鑑賞」でも指摘していたとおり、《緑のすじのあるマティス夫人の肖像》で特徴的なのは、その「色」です。

従来の絵画では、「色」は描く対象物の固有色を表したり、世界を目に映るとおりに描き留めたりするために使われてきました。

つまり、本物そっくりに描くための1つの手段として「色」が扱われていたのです。

しかし、マティスの妻の鼻すじは、まさか緑色ではなかったはずです。眉毛が青や緑だったとも思えません。そう、マティスは「目に映るとおりに描く」というこれまでの発想から離れて、「色」を純粋に「色」として自由に使うことを試みたのです。

さらに、各所に残る「荒々しい筆の跡」や「いびつな形」「太くてくっきりとしたアウトライン」などからも、それまでのアートからの決別への意志が感じられます。

マティスは《緑のすじのあるマティス夫人の肖像》によって、**「目に映るとおりに世界を描く」という目的からアートを解放した**のです。

ですから、あなたがこの絵を見たときに「うまい絵だなあ！」と思わなかったとしても、それは無理もありません。

この絵は、決して「うまさ」や「美しさ」から評価されているわけではなかったからです。

マティスは「アートにしかできないことはなにか？」という問いをめぐって「探究の根」を伸ばしました。

その結果、「目に見えるものを描き写す」という従来のゴールから離れて、「色」をただ「色」として使うという「自分なりの答え」を生むに至りました。

マティスが「20世紀のアートを切り開いたアーティスト」といわれ、《緑のすじのあるマティス夫人の肖像》が「すばらしい絵」だとされているのは、この**「表現の花」を咲かせるまでの「探究の根」の独自性ゆえでもあるのです**。

ここから、まるで霧が晴れるようにアートの世界の視界が広がっていきました。

これまで、「表現の花」の出来栄えばかりに注目が集まり、「探究の根」や「興味のタネ」が十分に顧《かえり》みられていなかったということに、アーティストたちが気づきはじめたのです。

それ以来、アーティストたちの活動は、『興味のタネ』から『探究の根』を伸ばす」というアート思考の領域に、大きく軸足を移していきました。

その意味で、《緑のすじのあるマティス夫人の肖像》は、「アート思考の幕開け」ともいえる1枚なのです。

「答えが変化すること」を前提にした考える技術

さて、マティスの代表作をアート思考の観点から私なりに解釈してみました。

ここで勘違いしないでいただきたいのは、いまご紹介した解釈も、このあとのクラスで登場する説明も、**それ自体が「アート作品の正しい見方」だとはかぎらない**ということです。

これらは無限に存在する「ものの見方」の1つであり、あなた自身が「探究の根」を伸ばし、「自分なりの答え」を取り戻すための1つの材料にすぎません。

本書に書かれた内容だけを「正解」として受け取ったり、あたかもそれが自分の考えであるかのように勘違いしたりすること――これは他人がつくった答えに振り回される「花職人」が陥りやすい傾向であり、注意が必要です。

もちろんアートにおいても、作者本人の見解、専門家の解釈、一般的な評価などが存在します。

しかし、すでにお伝えしたとおり、数学には「太陽」のように確然たる答えがありますが、アートの答えは「雲」のようにつかみどころがなく、つねに形を変え続けます。数学的に証明された答えが不変であるのとは違い、アートではどんなにすぐれた解釈であっても、それは時代や状況、人によって刻々と変化していくのです。

たとえば、マティスの絵は当時の評論家からは「野獣のような色彩のひどい絵だ」といわれていましたね。

マティスの場合だけではありません。本書で取り上げる20世紀の6つの作品は、いずれも発表当時には酷評されました。しかし現代においては、「すばらしい」作品として世界中で評価されているという点で共通しています。

アート作品によってあなたの「ものの見方」が変わり、また、あなたの見方によって作品が持つ意味も変わる――これが「アート思考の教室」のなかで私がお伝えしていきたいことです。

数学の答えは「変わらないこと」に価値がありますが、アートの答えはむしろ「変わること」にこそ意味があるのです。

もう1つの視点

答えがないのに、なぜ考えるのか？

さて、クラス1の本編はこれで以上になります。ここからの「もう1つの視点」パートでは、このクラスで考えてきた「『すばらしい作品』ってどんなもの？」という問いについて、もう1つのまったく別の角度から考えてみたいと思います。

次ページの作品を見てみましょう。

作品が稚拙なのは、技術が未熟だから？

「やれやれ、また変わったものが出てきたな……」

みなさんのそんな声が聞こえてきそうです。

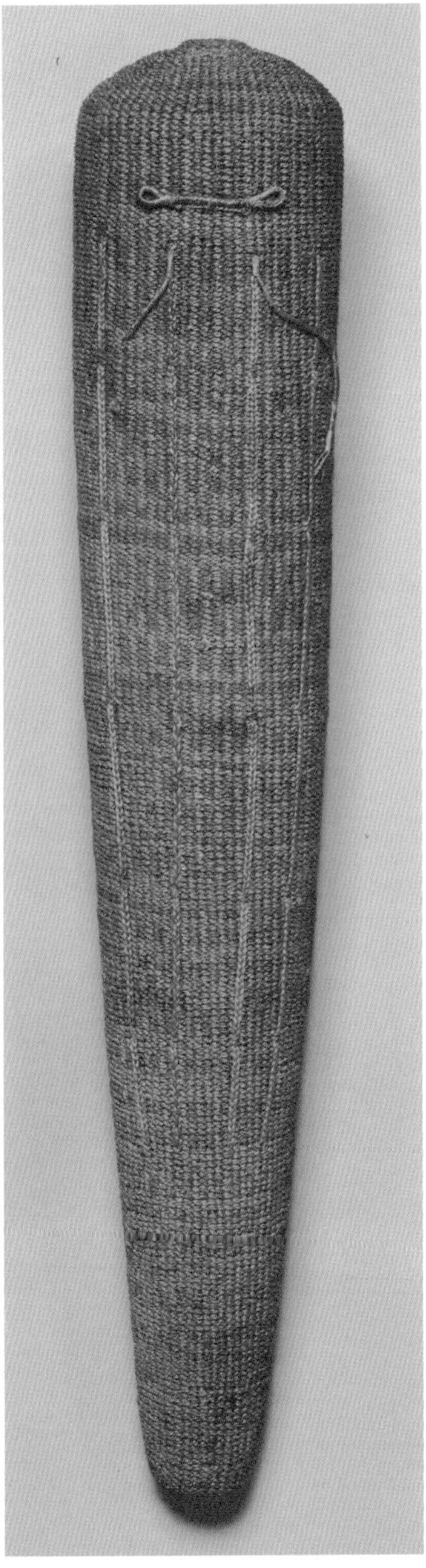

これは、オセアニア周辺の島々の先住民であるポリネシア人たちが代々つくってきたものです。写真のものは、19世紀につくられた作品で、タヒチで出土しました。

写真だけでは実物をイメージしづらいと思うので少し説明を加えましょう。

全長は66・4センチ。低学年の子ども用野球バットと同じぐらいの長さというところでしょうか。円筒状の木片が、ココナッツ繊維で織られた生地で覆われています。上部にはこれまたココナッツの繊維でできた模様が縫いつけられています。

なんともコメントしがたいこの物体、いったいなにを表現したものだと思いますか？

これは、ポリネシア人の神さま「**オロ**」の像です。縫いつけられている単純極まりない模様は、「オロ」の目と腕を表しているそうです。

ポリネシア人は深い信仰に基づいた生活をしていました。彼らの信仰には、豊かなストーリーを持つさまざまな神さまが存在します。なかでも、軍神である「オロ」は、彼らにとって最も重要な存在だといいます。

しかし……**いちばん大切な神さまにしては、あまりにもつくりが幼稚**です。お世辞にも**「上手だ」**とはいえません。

「原始的な技術しかなかったから、このようなものしかつくれなかったのでは？」

そう思った人もいるのではないでしょうか？　しかし、ポリネシア人はかねてよりさまざまな分野で非常に高度な技術を持っていたことがわかっています。

18世紀にタヒチ島周辺に渡った西洋人たちは、最大全長30メートルほどもある大型のダブル・カヌーが160隻も連なったポリネシア人の大艦隊を目撃したと報告しています。[14] ポリネシア人たちは、文明社会の熟練した航海専門家のような正確さで、遠く離れた島々を航海していたといいます。ほかにも、現在まで残る彫刻・装飾品などからは、彼らの繊細ですぐれた技巧を窺《うかが》い知ることができます。

イギリス人の海洋探検家キャプテン・クックが18世紀に目撃したタヒチのカヌー。船首には見事な彫刻が見られる（Illustration to "A Voyage towards the South Pole ... in the years 1772-75"《The Fleet of Otaheite assembled at Oparee》1777年、大英博物館、ロンドン）

さて、そんな彼らであれば、もっと高度な技術で、上手に「オロ」をつくり上げることだってできたはずです。

にもかかわらず、**なぜ彼らは最も重要な神さまを、このような素朴な姿で表現したというのでしょうか？**

「目に映る世界の模倣」だけが「再現」ではない

これについて考えるために、ポリネシア人がつくった《オロ》と、ルネサンス期の巨匠ミケランジェロの《ピエタ》とを比べてみましょう（次ページ）。《ピエタ》は磔刑《たっけい》に処されたイエス・キリストと、彼を腕に抱く聖母マリアを題材にした彫刻作品です。

ミケランジェロもポリネシア人も、自分たちが信じる神さま（「イエス」と「オロ」）の姿を「再現」したという点では共通しています。

しかし、それらの表現方法は、正反対といえるほどに異なっています。

この違いは、技術の有無だけに要因があるとはいいきれません。むしろ、**「再現」にまつわる「考え方の違い」こそが、この差を生み出している**と私は考えています。

「再現」とは、「再現されたもの」を見た人に対して、「本物」を見たときと近い反応を引き起こすことだといわれます。[15]その反応が「本物」を見たときとほぼ同じであれば、それは非常に忠実に再現されたものだというわけです。

ミケランジェロ《ピエタ》1498〜1499年、サン・ピエトロ大聖堂、バチカン

ミケランジェロは、イエスと聖母マリアの姿かたちを細部までとことんつくり込むことで「再現」を試みたようです。この作品は、着彩こそないものの、大きさもほぼ等身大であり、信仰のある人が見たら、本物のイエスを前にしたときに近い感覚を覚えることでしょう。

では他方、ポリネシア人たちの《オロ》はどうでしょう？　果たして「神さまを再現できている」といえるでしょうか？

そのヒントとして考えてみたいのが、ディズニー映画『トイ・ストーリー4』に出てくる「フォーキー」というキャラクターです。同シリーズをご覧になった人はご存知でしょうが、この映画で中心的な役割を担ってきたのは、かなり精巧につくられたカウボーイ人形の「ウッディ」でした。

しかし、『4』で新キャラクターとして登場した「フォーキー」は、それまでに出てきたどのオモチャとも大きく異なっていました。「フォーキー」は、主人公の女の子が幼稚園に体験入学した日に、ゴミ箱にあったプラスチックの使い捨て先割れスプーンに、即席の材料でいびつな目・口・手・足をつけただけのもので、おもちゃとも人形とも呼べないような代物なのです。

しかし、幼稚園での新生活に馴染めずにいた彼女にとって、「フォーキー」は大きな心の支えとなります。

ゴミ箱に捨てられていたただの先割れスプーンが、生命感と人格を持った存在へと変化していくのです。その際、「フォーキー」の造作が精密かどうかは、彼女にとってはあまり関係がないようでした。

さて、ポリネシア人たちが制作した《オロ》は、その主人公の女の子にとっての「フォーキー」のような存在だったのではないかと私は考えます。つまり、ココナッツ繊維で覆われた木片に、最小限のパーツである目と腕をつけたとき、彼らはそこに十分すぎるほど神さまの存在を感じ取れたのではないかということです。

もしそうだったとすれば、彼らがそれ以上に手を加えて、姿かたちをつくり込む理由はなくなります。その段階で「神さまを再現する」という目的は果たされているからです。

大切な神さまである「オロ」をこのように表現したのは、**ポリネシア人の技術が未熟だったからでも、制作の詰めが甘かったからでもありません**。彼らは、この作品が神さま「オロ」を十分に「再現」していることに満足感を覚えていたからこそ、あえてここで制作の手を止めたのだと私は思います。

ルネサンス以来の西洋美術は、一貫して写実的な表現を目指してきました。

しかし《ピエタ》のように、**目に映る世界を徹底的に模倣することだけが、「すぐれた再現」だとはかぎりません**。

むしろ、「再現」が持っている本質的な目的に立ち返るなら、ポリネシア人たちの《オロ》の像もまた、1つの「すぐれた再現」であり、「すばらしい作品」だと考えられるのではないでしょうか？

クラス1はここまでです。

授業を受ける前と後とで、このクラスの問いである「『すばらしい作品』ってどんなもの？」に対する考え方は、どのように変化したでしょうか？

クラスの最後では、「**①授業を受ける前**（BEFORE）」「**②授業を受けたあと**（AFTER）」「**③授業を通り越して**（BEYOND）」という3つの観点で振り返りをして、あなた自身の「探究の根」を伸ばしていただきたいと思います。

ほかの人たちの振り返りの言葉を読みながら、あなたも「ものの見方」の変化を感じ取ってみてください。

BEFORE THE CLASS

はじめに「自画像」のエクササイズをしたとき、あなたはどんなふうに感じましたか？

「人を描くのは嫌だな〜と改めて思いました。全然似なくて悲しかった……」

「自分の顔を描くのは久しぶりだったので、『もっとデッサンの練習をしないと……』と感じていました」

「頭では『すばらしい絵＝個性的な絵』と思っていたはずなのに、いざ自分で描いてみると、『うまく描かなきゃ！』と、ものすごくプレッシャーでした」

AFTER THE CLASS

授業を終えて、あなたのなかの「すばらしい作品」の基準は、どのように変化しましたか？

「自画像がうまく描けず、自分の絵を隠したいような気持ちでした。でも、クラスを終えたいま、自信を持っていえることがあります。それは、私の絵はうまいとはいえないけれど、これが私なりの表現であるということ。『すばらしい作品』は、自分らしい表現によって生まれるものであって、スキルによって生まれるものではないと思います」

「みんなの自画像から『最もすばらしい絵』を選んだとき、私は『リアルに描けているもの』を探していました。授業を終えて、もう一度みんなの作品を見てみたら、最初はスルーしていた絵もけっこう目に留まるようになっていました。私のなかの『すばらしい』の基準が広がったような気がします」

「ルネサンス絵画が求めていた『リアリティー』は、誰からでも理解されやすい。しかしだからといって、それだけが作品の価値を決めるものではないと思いはじめた。見る人からさまざまな受け取り方をされる作品が、本当にすばらしい作品なのかもしれない」

BEYOND THE CLASS

授業を通り越して、このクラスの問いについて考えられることはありますか？

「はじめにマティスの絵を鑑賞したときは、すぐに頭のなかから消えていきそうな感じでした。これまで、美術館で絵を見たときもいつもこんな感じでした。でも、授業を受けてから、この絵の印象が１８０度変わっていくのを感じました。もし、第一印象だけで絵から離れていたら、これが本当にすばらしいか考えなかったと思います。いま思えば、これまで美術館でも、なんてもったいないことをしてきたのだろう……。これからは、表面的なうまさや美しさだけでなく、さまざまな視点で作品を見てみたいです」

「僕がとらわれていた『すばらしい絵＝上手な絵』という価値観は、僕なりの基準ではなくて、知らないあいだに植えつけられていたものだった。絵だけにかぎらず、同じようなことはあるのではないかと思う。社会が定義してきた価値観にとらわれず、自分の基準でものごとを判断していきたい」

CLASS 2

「リアルさ」ってなんだ?

── 目に映る世界の“ウソ”

できるだけ「リアルに」サイコロを描いてみる

さきほど、クラス1の最後で、ある生徒が次のような言葉を口にしていたのに気づきましたか？

「みんなの自画像から『最もすばらしい絵』を選んだとき、私は『リアルに描けているもの』を探していました」

さて、次に取り上げてみたいのは、彼女が語っていた「リアル」という言葉です。

彼女は「リアルさ」をどんな意味で理解しているでしょう？ また、あなたは「この絵はリアルだなあ」と語るとき、どのようなニュアンスを込めていますか？

このクラス2では「『リアルさ』ってなんだ？」という問いをめぐって、探究の冒険に出ましょう。

前回と同様、実感を伴って考えていただくために、エクササイズを用意しました。

やってみよう

リアルに
サイコロを描く

「鉛筆」と「紙」と「サイコロ」を用意して、
サイコロを描いてみましょう。とはいえ、
サイコロが手元にない方も多いでしょうから、
その場合には頭のなかでサイコロを
思い浮かべて描くのでもかまいません。

やはり描き方についてのアドバイスはしませんが、
意識してほしいことが１つあります。今回は、

「どうすれば『リアルに』描くことができるのか」

を考えながら描いてみてほしいのです。

それでははじめましょう！

前回よりは気負うことなく、実際に手を動かしてみたという方が増えているといいのですが……いかがだったでしょうか?

「なんとなく形にはなったかな……」
「影の濃さを描き分けてリアルさに迫った」
「定規を使ったので正確に描けたと思う」
「位置がずれると見える形が変わってしまうので、視点を保つのが難しかった」

それでは、みなさんのサイコロ画(次ページ)を、2つのステップで見ていきましょう。
今回は「すばらしいかどうか」ではなく、「リアルかどうか」の観点で見ていきます。

1 6つのサイコロ画のうち「最もリアルだ」と感じたものに丸をつけてください
2 「なぜ、それがリアルだと感じたのか」を説明してください

なお、最も多くの人が選んだ「リアルな絵」は作品④のようです。みなさんは、なぜこの絵がリアルだと感じたのでしょう?

どれがいちばん“リアル”？ → それはなぜ？

1

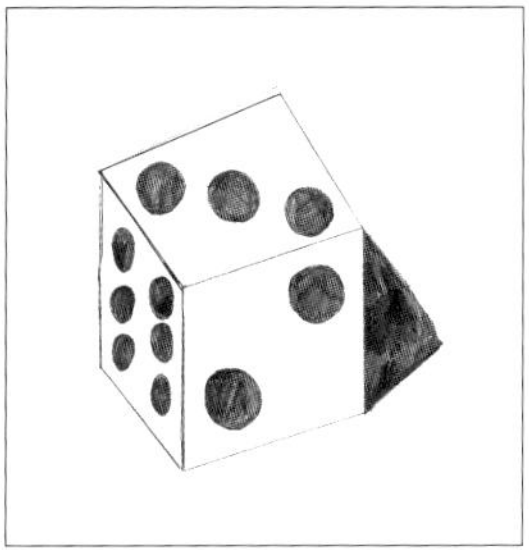
2

3

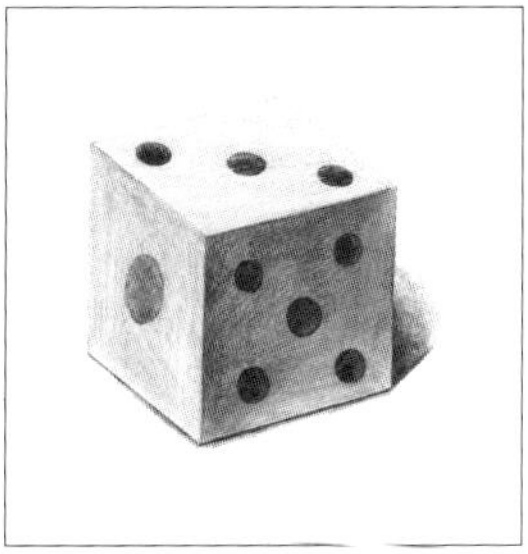
4

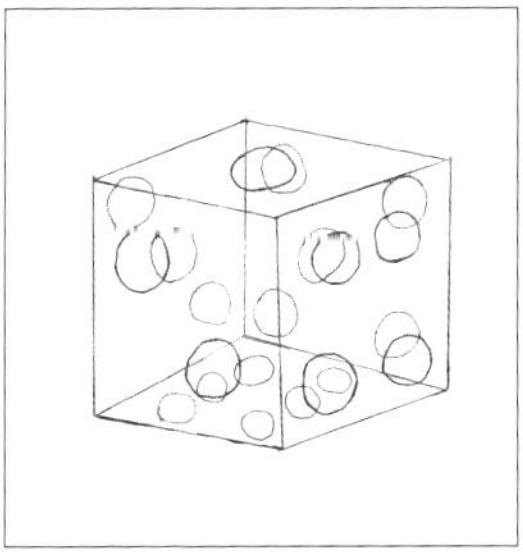
5

6

「④は遠近感がとてもよく出ていて、本当にここにサイコロがあるように見える」

「形が正確！　輪郭線の角度やサイコロの目の楕円形のバランスが整っていて、実物そっくりに描けていると思います」

「机に落ちる影だけではなく、サイコロの面にも濃さの違う影が描き分けられているから、すごく立体的（私は机に落ちる影にしか着目していませんでした……）」


さて、あなたは何番の絵を選びましたか？　**そのときどのように「リアルかどうか」を判断していたでしょうか？**　いうなれば、それが「いまのあなたのものの見方」です。しかし、このクラスではそれとはまるで異なる「ものの見方」が登場するかもしれませんよ。

「アート史上最も多作」なアーティストの代表作

ここでいったんサイコロの絵から離れて、ある有名なアーティストの作品を見ていきたいと思います。

その名もパブロ・ピカソ(1881〜1973)。マティスの名前を知らなかった人でも、「ピカソなら聞いたことがある!」という人は多いのではないでしょうか。天才や巨匠と称され、世界中の人が知るアーティストです。

パブロ・ピカソ(1908年)

ピカソは、マティスが生まれた12年後の1881年にスペインで生まれ、当時の西洋美術の中心地であったパリを拠点に活動しました。

彼は絵画という枠に留まらず、デザイン・立体・舞台芸術など、ほかにもありとあらゆる分野で、制作スタイルを次々と変えながら表現活動を行いました。

ピカソの生涯はとにかくエネルギッシュ。とくに驚かされるのは作品数です。彼は多作のアーティストとしても知られているのですが、一生のうちにいくつの作品をつくったと思いますか? 3択で答えてみてください。

1 多作とはいえ作品1つを仕上げるのは大変。一生で1000作品ぐらい?

2 40年間、毎日ずっと1作品ずつつくったと仮定して、約1万5000作?

3 同じ期間、毎日10点つくったとしたら、その10倍で……15万作?

正解は③、なんと15万点にも達します。**「史上最も多作のアーティスト」としてギネスブックに載ってさえいる記録**です。[16]

なお、ピカソの作品数が多い理由として、彼の現役時代が長かったことも挙げられます。美術学校の教師であったピカソの父は、早期に息子の才能に気づき、10歳から本格的にアートを学ばせました。そのためピカソは、91歳という長寿でこの世を去る前年まで、約80年間も作品をつくり続けることができたのです。

おまけに、ピカソは恋愛に対してもエネルギッシュ。数々の女性との恋愛話があり、2度目の結婚はなんと彼が80歳近くのときのことでした。

これから見ていくのは、ピカソが1907年に描いた《アビニヨンの娘たち》という絵です。アビニヨンというのはスペインの地名であり、5人の娼婦が描かれています。

では、作品をご覧いただきたいと思いますが……ところで、**あなたはこれを「リアルな絵」だと思いますか？**

「ピカソの絵にダメ出し」をしてみる

キャンバスに油絵具で描かれたこの大作は、数あるピカソの作品のなかでも、とくに歴史に残る名作とされています。この絵のサイズはおよそ縦2・4メートル、横2・3メートル。日本の一般家庭の天井にも達しそうな大きさの絵画です。

《アビニヨンの娘たち》が「リアル」なのかについて深く考えるまえに、この作品をもう少しよく見てみましょう。クラス1で紹介した「アウトプット鑑賞」をここでもやってみることにします。

ただし、今回のアウトプット鑑賞には「特別なお題」があります。それは、この絵にできるだけたくさん「**ダメ出し**」をしていただくことです。

ピカソはあなたの弟子で、あなたは師匠だとしましょう。もし弟子のピカソが、「師匠、こんな作品を描きました！」といって、この絵を持ってきたとしたら……？

「リアルかどうか」という観点でこの絵のあら探しをして、「ダメ出し」をしてみてください。

さあ、「ダメ出し・アウトプット鑑賞」のはじまりです！

「なんでこんなにカクカクしているの？」

「ちゃんと見て描いたとは思えないぐらい、身体のパーツのバランスが悪い」

「遠近法がなってない」

「おかしなところに影（？）がある」

「いきなりものすごくピンクの部分がある」

「百歩譲って人間だとはわかるけれど、無機質で人間味がまったくない」

「女性らしさが感じられないんですけど……」

「どの人も無表情でなにも伝わってこない」

「中央の2人の女性の顔が、ほぼ同じ」

「顔は正面を向いているのに、鼻がL字型で真横から見たみたいだ」

「目や眉毛が左右非対称」

「右上の人はロバかマントヒヒみたいな顔」

「右下の人の顔がグロテスクすぎる」

「お面をかぶっているみたい」


「上半身の逆三角形がやけに強調されている」

「ウエストが細すぎて不自然だ」

「中央の人の足の角度がおかしい。関節が外れているみたい」

「中央の人の二の腕が極端に太い」

「左の人は、突然頭から手が生えていない!?」

「右の2人は、腕が途中で消滅している」

「胸が四角形だ」

「右下の人は後ろ向きで座っているのに、顔だけこちらを向いている」


「この絵の場面や状況が全然わからない」

「背景はカーテン？　割れたガラス？」

「下にフルーツのようなものが描かれているけれど、なんなのか判別不可能」

いかがでしょう？　あなたはどこにダメ出しをしましたか？

ある意味では「ツッコミどころ」だらけの絵ですから、その気になればいくらでもダメ出しができそうです。

巨匠の絵に対して失礼極まりない鑑賞でしたが、「あら探ししてやろう」と思ったことで、いつも以上に絵をよく見ることができたのではないでしょうか。

じつは、ピカソがこの絵を発表したとき、アート界の人たちは「さすが天才の作品だ！」と褒め称えたわけではありませんでした。それどころか「酷い絵だ」と非難したのです。

それまでピカソを高く評価していたコレクターは「フランス美術にとって何たる損失だ[17]」と落胆し、画商や画家仲間たちは「斧の一撃で切りつけられた（ようだ）」「4等分したチーズのような鼻」などと、かなり辛辣《しんらつ》な「ダメ出し」を繰り広げました[18]。

ですから、みなさんも「巨匠の絵だからすばらしいに違いない」なんて無理に思う必要はありません。当時のアート関係者たちが、まさに「ダメ出し・アウトプット鑑賞」をしていたことを思えば、「変な絵だなあ」という感想のほうがむしろ自然だとすらいえます。

しかし……幼いころから絵画を学び、当時すでに名を成しつつあったピカソは、いったいなにを考えてこんな絵を描いたのでしょうか？

そしていったいなぜ、この絵がいまでは「歴史に残る名作」とされているのでしょうか？

正確無比な遠近法に隠された「ウソ」

ピカソがあのような突拍子もない絵を描いたのは、気が狂ってしまったからではありません。結論からいってしまえば、《アビニヨンの娘たち》は、ピカソが**これまでとは違う「リアルさ」を探究した結果として生まれた「表現の花」**なのです。

「あの絵のどこがリアルなんだ……」と呆れられてしまいそうですが、いったいどういうことなのかをこれからご説明しましょう。

「リアルな絵」というとき、多くの人は「遠近法」で描かれた絵を思い浮かべるはずです。

遠近法とは、ものすごく簡単にいえば、「**2次元平面であるキャンバスのうえに、3次元空間を描き出す技法**」です。[19]

図 遠近法（透視図法）

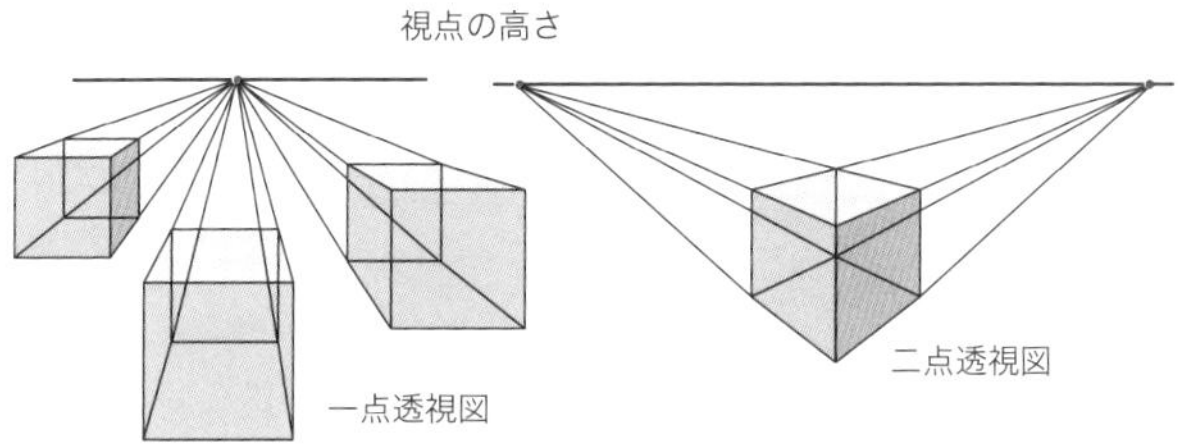

たとえば、「いまいる場所から見える風景を描いてください」といわれた場合を想像してみましょう。おそらく、手前のものは大きく、奥のものは小さく描きますよね。平行な線が2本あったとしたら、遠ざかっていくにつれて幅が狭くなるように描き、奥行きを表現しようとするはずです。これを正確に理論立てたものが「遠近法」です。

私たちの身近にある写真や映像にもまた、遠近法が反映されています。生まれたときから遠近法で表現されたものに囲まれて育っている現代人は、遠近法に従って描かれた絵を見たとき、当然のように「これはリアルだ」と感じるのです。

さて、ここでエクササイズで描いたサイコロの絵を振り返ってみましょう（103ページ）。「リアルなサイコロ」を描こうとしたとき、あなたは無意識に遠近法を採用していませんでしたか？　また、みなさんから「最もリアルなサイコロの絵」として選ばれた作品④は、「最も忠実に遠近法に沿って描かれた絵」でしたね。

つまり、**私たちのほとんどが、「遠近法こそが、リアルな絵を描くための唯一無二の方法だ」と信じ切っている**ということなのです。

しかし、完全無欠に思える遠近法には、じつは「いくつものウソ」が隠されています。

たとえば、作品④に描かれたサイコロの「裏側」は、どうなっているのでしょう？

「表に1・3・5が見えている。じゃあ、裏は2・4・6に決まっているよ」

そうでしょうか？　それは、あくまであなたがサイコロというものを知っているからいえることです。もしもサイコロをまったく知らない人がこの絵を見たとして、本当に「リアルなサイコロ」を思い浮かべることができるでしょうか？

作品④で描かれたサイコロの裏面には、じつは目が1つもないかもしれませんし、目が10個ある可能性だってゼロではありません。この絵からはそれがわからないのです。

遠近法の最大の特徴は、描く人の視点が1箇所に固定されていることです。

つまり、**遠近法で描かれた絵は、つねに「半分のリアル」しか写し出せません。**残り半分にどれだけ「大きなウソ」が隠れていても、そこをとらえることはできないのです。

遠近法は世界をリアルに描くための完璧な方法のようでいて、じつはかなり不確かな方法だともいえるのです。

人間の視覚の頼りなさ

遠近法の話をもう少しだけ続けましょう。遠近法というのは、「ものをよく見て、それを正しく再現する方法」ですから、いうまでもなく「人間の視覚」に大きく依拠しています。

しかし、ここで考えてみてほしいのは、**「人間の視覚は、そもそもどれくらい頼りになるのか？」**ということです。

それを試すために、上のイラストを見てください。

ここで質問です。**3人の男のうち、いちばん大きく見えるのはどれですか？**

種明かしをすると、じつは3人の男はすべてきっちり同じサイズで描かれています。しかし、私たちの目には、いちばん右の男がほんの少し大きく映りますよね。

「ああ、目の錯覚ね。知っているよ」という方はたくさんいるでしょうが、そもそも「右の男が大きく見える理由」まで説明できる人は、あまりいないと思います。

この絵を見るとき、「遠近法に慣れてしまった私たちの脳」は、瞬時に次のような判断を下しているそうです。

「3人の同じ大きさの男が描かれている。奥行きがある道路の上で同じ大きさに見えるということは、いちばん遠くにいる男はいちばん背が高いに違いない」

私たちの視覚には、こうした「歪み」が相当含まれているのです。

逆に、これまでまったく遠近法に触れたことがない人がこの図を見たら、「3人とも同じ大きさに決まっているじゃないか」と答えるはずです。[20] 遠近法的なものの見方は、人が生まれながらにして持っているものではないからです。

《オランダの海岸にうちあげられた鯨》1598年、大英博物館、ロンドン

もう1つ、ルネサンス後期にオランダ人の画家によって描かれた上の絵を例に挙げましょう。海岸に打ち上げられたクジラを取材したもので、「実物から正確に描かれたもの」[21]との説明書きもあるのですが……おかしな部分が一点あるのに気づきましたか?

クジラの前ヒレが、体の大きさに対してあまりにも小さく、目のすぐ横に描かれているのです。

この絵を描いた画家は、クジラに前ヒレがあることを知らなかったのかもしれません。そこで自分の知識や経験に当てはめて、「たぶんあれは耳だろうな」と判断したのでしょう。**耳であるという先入観を持ってヒレを見たことによって、「現実」の形までもが歪められてしまった**ようです。

すぐれた写実絵画の技術で知られるオランダ人の画家でさえ、初めて目にするものを客観的に写し取ることはできなかったということです。

どうやら私たちの「視覚」は、機械のように正確ではないようです。どんなに目を凝らして見ているつもりでも、目に映る世界は、見る人の知識や経験によって大きく歪められます。

正確に世界を写し取ることができるはずの遠近法は、そもそもかなり頼りない「人間の視覚」に依存しているのです。

「模倣」ではなく「再構成」

ピカソが《アビニヨンの娘たち》を描いたのは、マティスが《緑のすじのあるマティス夫人の肖像》を発表した少しあとのことでした。

そう、カメラがこの世に登場したことによって、「目に映るとおりに描く」という従来のゴールが崩れ、「アートにしかできないことはなにか」という問いが浮かび上がってきた時代です。ピカソは、それまで誰も疑わなかったことに疑問を持ちました。

「『リアルさ』っていったいなんだろう?」

以前であれば、こんな問いについてわざわざ考えるまでもなかったでしょう。なぜなら、ピカソよりもおよそ500年前のルネサンスの時代に、遠近法という明確な「答え」が出ていたからです。リアルさを追求したければ、遠近法の技術を応用すればいいだけのことです。

しかしピカソは、「既存の答え」の延長線上では満足できませんでした。彼は、子どものような新鮮な目で世界を見つめ直し、「自分なりの答え」を探そうとしたのです。

彼は**「『1つの視点から人間の視覚だけを使って見た世界』こそがリアルだ」という遠近法の前提**に疑問を持ちました。

実際、遠近法が描こうとする世界は、私たちがものを見るときのそれともかなり違っています。

すでにお話ししたとおり、私たちは1つの位置からある対象物を見ているときでも、これまでそれについて得てきた知識・経験を無意識に前提にしています。加えて、そもそも視覚だけを使って見るということもあり得ません。3次元の世界では、つねに五感をフル活用してものごとをとらえているはずです。

そう、私たちは、さまざまな情報をいったん頭に取り込み、脳内で再構成して初めて〝見る〟ことができるのです。

「半分のリアル」しか描けない遠近法に疑問を持ったピカソは、**私たちが3次元の世界をとらえている実際の状態により近い「新しいリアルさ」**を模索しました。

そうしてたどり着いたのが、「さまざまな視点から認識したものを1つの画面に**再構成**する」という彼なりの答えでした。

その結果生まれた「表現の花」が、《アビニヨンの娘たち》だったのです。

それを踏まえて、もう一度この絵を見てみましょう。たとえば、中央の女性の目は正面を向いています。しかし、鼻はL字なので真横から見たもののようです。左右の眉毛の形と位置が違うのは、斜めから見たものと、正面から見たものが組み合わさっているからでしょうか。正面から顔を見たとき、耳はこんなに目立たないはずです。耳は、斜め横から見たものかもしれません。

絵全体にも目を向けてみましょう。顔や身体の色が、突如切り替わっているところがあります。これは、さまざまな方向から見たときの陰影を1つの画面に組み合わせているからではないでしょうか。

この絵には、「**多視点**」からとらえられたものが、ピカソ自身を通して「**再構成**」されています。ピカソは次の言葉を残しています。

「リアリティーは君がどのように物を見るかの中にある」[22]

「リアルさ」からはほど遠いように考えられがちな《アビニヨンの娘たち》ですが、ピカソはこの絵に、**遠近法では到達できないような「新しいリアルさ」を求めていた**と考えられるのです。

写実的な絵画は「非現実的」である

とはいえ、ピカソによる探究を知ったあとでも、こう思う人もいるかもしれません。

「多視点からとらえたものを再構成するなんて、やっぱりムリがある」
「物の反対側は見えないのだから、ピカソの見方は不自然だ」
「理屈はわかったけど、やっぱり遠近法のほうがリアルだと思う……」

ヘダ・ウィレム・クラース《鍍金した酒杯のある静物》1635年、アムステルダム国立美術館、アムステルダム

そんな人は、上の静物画を見てみましょう。

《アビニヨンの娘たち》がリアルに感じられない人でも、この絵は文句なく「リアルだ」と感じるのではないでしょうか。

しかし、かなり正確な遠近法で描かれたこの絵でさえ、じつは《アビニヨンの娘たち》と同じように「多視点」でとらえられたものが「再構成」されているともいえるのです。

いったい、どういうことなのか……簡単な実験をしてみましょう。

この本から目を上げて、周囲のどこかに焦点を当ててみてください。

そのとき、「本当にはっきり見えている範囲」はどれくらいありますか？

実際にやってみるとわかりますが、ピントが合う範囲はまるで針穴のように小さく狭く、周りのものはすべてぼやけてしまっているはずです。

他方、さきほどの絵では、机に置かれたすべてのものにピントが合っています。**現実には、人間の視野にこんな景色が立ち現れることはあり得ません。**人間が景色をとらえるときには、無意識のうちに目を上下左右に動かして、複数の角度から見た世界を、脳内で「1つの景色」として再構成しているにすぎないのです。

《アビニヨンの娘たち》ほど極端ではありませんが、この卓上の静物画のように遠近法で描かれたいわゆる「リアル」な絵であっても、じつは「多視点」で見たものが「再構成」されていることに違いはないのです。

そろそろまとめに入りたいと思います。
《アビニヨンの娘たち》が生まれるまで、遠近法は世界を「リアル」に写し出すための、たった1つの「正解」でした。

しかし、ピカソは彼なりのものの見方で、遠近法に疑問を持ちました。そこから「探究の根」を伸ばし、ついには**「多視点でとらえたものを再構成する」という「自分なりの答え」**にたどり着いたのです。
《アビニヨンの娘たち》は1907年には完成していたものの、1916年に正式発表するまでの9年ものあいだ、試作品として彼のアトリエに置かれていたといいます。彼自身にとっても、この絵が大きな実験作であったことが窺《うかが》えます。

ここまでの話で私が投げかけたいのは、「『遠近法』と『ピカソの画法』を比べた場合、どちらがより『リアル』か？　どちらがすぐれているのか？」といった問いではありません。

むしろ、これらを材料にして、「『リアルさ』ってなんだ？」という問いについて、今度は「あなたなりの答え」を生み出していただきたいのです。

ピカソの方法が遠近法に取って代わるかどうかはさておき、重要なのは、《アビニヨンの娘たち》がアートの新しい可能性を切り拓いたことです。

彼が生み出したこの「表現の花」によって、人々は**「リアルさ」にはさまざまな表現があり得ること、遠近法はそのうちの1つでしかないのかもしれないということ**に気づかされたのです。

もう1つの視点

あり得ないポーズのリアルな男たち

クラス2もお楽しみいただけていますか? ここからは、「『リアルさ』ってなんだ?」という問いについて、また別の角度から考えてみたいと思います。

従来の「遠近法」と新たな「ピカソの画法」、この2つだけがリアルさの表現法というわけでもありません。

ピカソが、遠近法とは異なる「リアルさ」を探し求めていたのは、20世紀に入ってからのことでしたが、西洋美術の歴史から一歩離れてみると、**まったく違う地域・時代には、多様な「リアルさ」の表現が存在していた**からです。ここではその一例を取り上げましょう。

次ページの絵は、紀元前1400年ごろにエジプトで描かれたものです。縁取りがいびつなのは、この絵がもともとは巨大な壁画の一部だったからです。

それではご覧ください。

919

「鑑賞されること」を想定していない絵

さて、いわゆる「エジプトっぽい絵」ですが、よく観察してみるといろいろとおかしな点があることに気づきませんか?

たとえば、描かれている2人の男性に注目してみましょう。

肩は真正面を向いているのに、顔と下半身は真横を向いています。また、顔は横を向いているのに、目はまるで正面を向いているかのようです。さらに、手前の腕も奥の腕も同じ長さで描かれていて、縮尺が合っていません。

右側の男性はなにかを運んでいますが、両手の指が同じ長さと角度で描かれています。

実際にやってみるとわかりますが、かなり無理のあるポーズです。

「大昔のことだから技術も未熟で、この程度の絵しか描けなかったのでは?」

そう思う人もいるでしょう。しかし、クラス1で扱ったポリネシア人(89ページ)のときと同様、これもまた技術の未熟さだけに理由を求めるのは早計だと思います。

なぜ彼らがこんな描き方をしたのかを考えるためには、そもそもこの絵が「なんのために描かれたのか」を知る必要があるようです。

じつはこの絵は、「人が鑑賞するために描かれたもの」ではありません。どうしてそういい切れるのかというと、この絵は「誰も見ることができない場所」に描かれていたからです。

いったいどこだかわかりますか？

それは、墓の内部です。

遠い昔、古代エジプト時代……ギザの大ピラミッドのうち最大のものは、たった1つが総勢36万人もの労働者によって、20年間もかけてつくられたといわれています。[23]

また、数多つくられた王の墓には、しばしば「財宝」「副葬品」や「彫像」が納められたり、「壁画」が描かれたりしました。

しかし、墓が完成し、王のミイラが運び込まれると、入り口は二度と開かれることがないように、重たい石で完全に塞《ふさ》がれました。

なぜ、よりによって誰も見ることができない場所に、それほどまでに膨大な時間と労力、財力がかけられたというのでしょうか?

その理由は彼らの信仰にあります。

古代エジプト人は、死者の魂が永遠に生き続けると信じていました。ただし、魂が生き続けるためには肉体が必要です。そこで、肉体をミイラにして保存する方法を発展させていきました。さらに、「財宝」や「副葬品」は、王が死後の世界の生活で用いるためのものとして、墓に運び込まれたのです。

「牛乳を注ぐ女」は主人の役に立てない

墓の中に「財宝」や「副葬品」が納められた理由はわかりましたが、他方で、「彫像」や「壁画」といった芸術品を納めた目的はなんだったのでしょうか?

それを考えるヒントとして、古代エジプト語で「彫刻家」を意味する言葉の1つに「生き続けさせる人」[24]というものがあります。つまり、彫刻家がつくる「彫像」は観賞用の飾りではなく、財宝・副葬品と同じように、死後の世界に必要なものだったのです。実際、墓の中に設置された「彫像」には、王や家族、家臣や労働者の姿が見られます。そう考えると、「壁画」にも同じような目的があったといえそうです。

これらの芸術作品は、人々の目を楽しませるためではなく、死後の世界で王を支えるためにつくられていたのです。どうやらここに、古代エジプト人が求めていた「リアルさ」のヒントが隠されていそうですね。

さきほどの壁画を振り返ってみましょう。

この壁画は、ギザからナイル川を南下したエジプト中央の都市ルクソールにある、身分の高い役人の墓の内部に描かれたものです。描かれている2人の男性は、捧げ物を運んでいる姿からわかるとおり、死後の世界で主人に仕える家来たちだと考えられるのです。

この絵では、すべてのものが「その特徴をよく表す向き」で描かれているのがわかりますか？　たとえば、「魚を思い浮かべてみてください」といわれると、ほとんどの人は「真横から見た魚」をイメージするはずです。前・後ろ・下から見た魚を想像する人はなかなかいないですよね。それは「真横から見た魚の形」が最も特徴的だからでしょう。

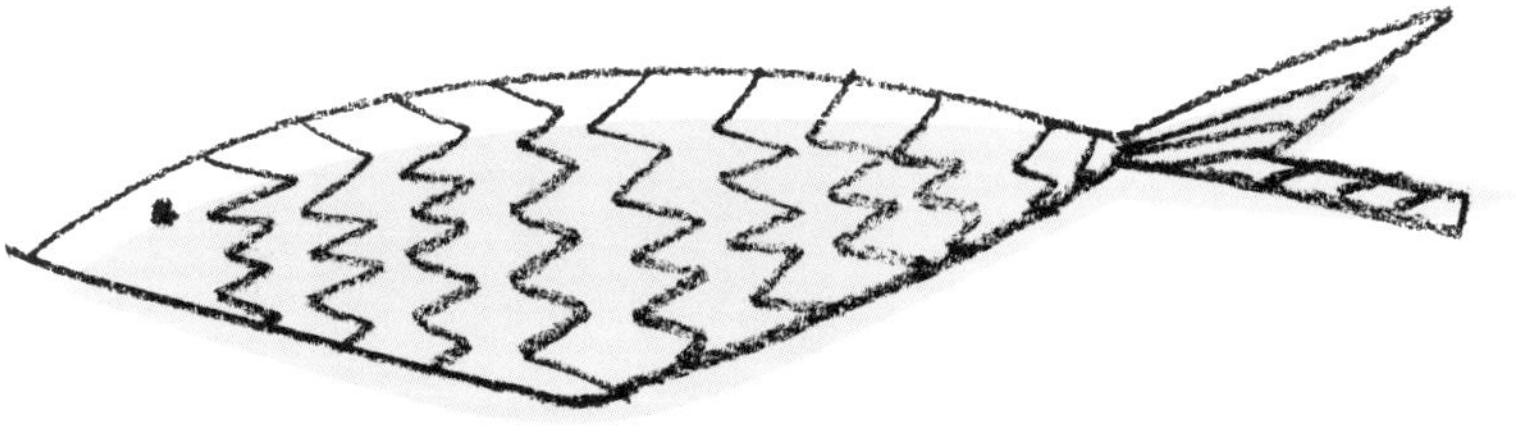

これと同じように、たいていのものには「特徴をよく表す向き」があります。人間の鼻は真横から見たとき、高さと形が最も明確になります。目は、正面から見たときがいちばんそれらしいでしょう。足首から下は、真横から見たとき、長さも形もはっきりとします。

古代エジプト人たちは、**さまざまなものを「その特徴が明確になる向き」で組み立てることで、永続性のある「完全なる姿」をつくりあげていた**のです。

では、もしも古代エジプト人に次ページの絵を見せたら、どんな反応をするでしょうか? ここに掲載した絵画は、ルネサンス後期に活躍した**ヨハネス・フェルメール**の《**牛乳を注ぐ女**》という作品で、典型的な遠近法で描かれています。

古代エジプト人たちはきっと目を見張り、こう叫んだでしょう。

ヨハネス・フェルメール《牛乳を注ぐ女》1660年、アムステルダム国立美術館、アムステルダム

「おお、この女性は右腕が短すぎる。それに肩の大きさもちぐはぐだ。鼻がまっ平らじゃないか。脚もないし、目は永遠に閉じられている」

「腕や脚は同じ長さのものが2本ずつ必要だ。指は5本ずつ揃っていなければならない。目はしっかりと見開かれていなければ、死後の世界で永遠に主人に仕えられないじゃないか！」

古代エジプト人にとっては、画家がその瞬間に見たモデルのポーズや移ろう表情を描くなんて、もってのほかだったのです。身体のそれぞれのパーツには必要な長さや個数があり、彼らはそれらの特徴が明確になる向きで組み合わせることで、**死後の永久的な生活に耐え得る「リアルな姿」**をつくり上げていたのです。

彼らからすれば、遠近法で描かれた《牛乳を注ぐ女》は、まったく「リアル」ではなかったということになるでしょう。

古代エジプト時代は３０００年以上続きましたが、そのあいだ、彼らの「リアルさ」の表現方法はほとんど変化しませんでした。

現在、私たちが信じてやまない遠近法は、ルネサンス最中の15世紀にイタリアで確立してから、せいぜい６００年ほどの歴史しか持たない描画法です。**長い歴史から見れば、「目に映るとおりに写生する」という発想は、決して主流とはいい切れません。**

数百〜数千年後には「かつての人々は、遠近法で描かれたものをリアルだと感じていたらしいよ」などといわれる時代がやってきてもおかしくはないのです。

さて、「リアルさ」をめぐる冒険を繰り広げたクラス2も、これにて終わりです。

みなさんが考えていた「リアルさ」は、授業の前後で変化しましたか？　次の３つの観点から「振り返り」をして、あなたなりの「探究の根」を伸ばしていきましょう。

BEFORE THE CLASS

はじめに「リアルにサイコロを描く」というエクササイズをしたとき、あなたはどんなふうに絵を描いていましたか?

「私を含めほとんどの人が共通して、写真のように描こうとしていました」

「遠近法や明暗を意識して、立体感のある絵を描こうとしていた」

「誰か1人ぐらい机を描いてもいい気がするけれど、全員サイコロしか描いていませんでした。見えたものから無意識に取捨選択していたのだと思います。いま考えれば、これも『見えるまま描くことはできない』ということの1つの例ではないかと思いました」

AFTER THE CLASS

授業を終えて、いまのあなたは「リアルさ」についてどのように考えますか?

「《アビニヨンの娘たち》を初めて見たとき、不自然ですごくおかしいと感じた。

でもそれは、『写真に撮ったらこうはならない』という前提が染みついていたからだと思う。授業を終えて、『目に映るもの』と『リアリティー』は同じではなく、視覚でとらえられない部分にもリアリティーはあると考えるようになった」

「自分の目というフィルターを通して現実を見ることによって、絵はどうしても現実とは離れてしまいます。ならば、はじめから自分というフィルターをあえて生かして、『自分にとってのリアルさ』とはどのようなものかを考えたほうがいいと思いました」

「もし僕がいまリアルにサイコロを描くとしたら、展開図で示すと思う。また、サイコロの長さや重さを測定して、正確に記したい」

BEYOND THE CLASS

授業を通り越して、このクラスの問いについて考えられることはありますか？

「リアルさには『見かけのリアルさ』と『もっと踏み込んだリアルさ』とがあると

思う。つらい出来事を経験したけれど、なにごともなかったかのように笑顔を見せている人がいたとして、その人のリアルさって、どちらなのだろう？　見かけのリアルさは、視覚的なものが多い。踏み込んだリアルさは、心で感じ取るようなことだと思う」

「カメラやロボットがとらえる世界のほうが客観的かといったら、そうとはいい切れない。それをつくったり、プログラミングしたりした人間の価値観が採用されているから。本当に世界をリアルに見ることができるのは、この世に誕生した瞬間の生物のみではないか？　世界を初めて見る赤ちゃんの目には、世界はどう映るのだろう？」

「僕が疑問に思ったのは、『この世に存在しないものをリアルに描いたらどうなるか？』ということです。存在しないものだとしても、誰が見てもその場にあるように具体的に描かれていたら、それは『リアル』なのだろうか。もしかしたら、そういうアイデアが発明の誕生につながっているのではないかと思いました」

CLASS 3

アート作品の「見方」とは?

── 想像力をかき立てるもの

「いったい、どこをどう見ればいいの？」

クラス2で《アビニヨンの娘たち》を見ながら「ダメ出し・アウトプット鑑賞」をした際、みなさんから次のような言葉が出たのを覚えていますか？

「この絵の場面や状況が全然わからない」
「フルーツのようなものが描かれているけれど、なんなのか判別不可能」

これは要するに「ピカソがなにを描こうとしたのかよくわからない」という意見だと思います。別のいい方をするなら、**その作品の「見方」がよくわからない**ということでしょう。

クラス3で扱うのは、この「**アート作品の『見方』とは？**」という問いです。「そもそもアートに『見方』なんてあるのか？　あるのだとしたら、それはどんなものか？」……こんなことについて、一緒に探究の冒険を繰り広げましょう。

ところで、美術館に行った際に、こんな経験はありませんか？

話題の展覧会ということで企画展に足を運んだものの、いざ作品を前にしたら、なにが描いてあるのかもよくわからず、どこをどう見ればいいのかわからない……。

なんとなく周囲の人に合わせて、作品の前で立ち止まってはみるけれど、自分が正しく鑑賞できているのかどうか、さっぱり手応えがない……。

見た目が美しい古典絵画であればまだしも、現代のアートとなるとこんなモヤモヤを持つ人がほとんどではないかと思います。


さて、いつもならここで、なにかエクササイズをしていただくところですが、今回は、授業の流れを少し変えてみましょう。まずはいきなりアート作品を見ていきます。

ご覧いただくのは、**ワシリー・カンディンスキー**（1866〜1944）というアーティストが1913年に発表した**《コンポジションⅦ》**という作品。およそ縦2メートル、横3メートルのかなり大きな油絵です。

絵を見るにあたり、あなたに1つ質問があります。


この絵には「なに」が描かれているでしょうか？

提供:Artothek／アフロ

「どこから／そこからどう思う？」の問いで深める

いかがでしょうか？　ここまでの授業でアートのとらえ方が少し変化してきたみなさんでも、「この絵になにが描かれているのか？」という質問には「う～ん？」と首をひねってしまったのではないかと思います。

一刻も早くスッキリとしたい気持ちだと思いますが、こういうときこそ、まずは自分の目で作品をよく見る「アウトプット鑑賞」です。

ここまでの授業でだいぶ慣れてきたと思いますので、ここでは「アウトプット鑑賞」をもう一段面白くするための秘訣をご紹介しましょう。作品を見て出てきた「アウトプット」に対して、とてもシンプルな**2つの問いかけ**を自分でぶつけてみるのです。

1 **どこからそう思う？**——主観的に感じた「意見」の根拠となる「事実」を問う

2 **そこからどう思う？**——作品内の「事実」から主観的に感じた「意見」を問う

たとえば、《コンポジションⅦ》を見て、「うるさい感じがする」というアウトプットが出てきたとします。これは、作品を見たあなたが主観的に抱いた「意見」です。せっかく出てきたアウトプットをここで終わらせてしまうのはもったいないですよね。

そんなときは「**どこからそう思う？**」と自分に問いかけます。すると、「所狭しと形が描かれているからかな。どの形も見慣れないものだな」というように、新たな気づきが生まれます。こうして根拠となる「事実」をアウトプットすることで、自分の「意見」がどこから生まれたのかを、はっきりと意識できるようになります。

「**そこからどう思う？**」については逆の手順です。たとえば「多くの色が使われている」という「事実」に気づいたら、せっかくですから素通りせずに「そこからどう思う？」と自分に問いかけてみましょう。

そうすると、「賑《にぎ》やかな感じがするから、元気が出そうだな」という感想が生まれてくるかもしれません。これはあなたが主観的に感じた「意見」であり、あなたなりの「ものの見方」に基づいてアウトプットした「自分なりの答え」です。

「感じた意見」に対しては「発見した事実」を、そして逆に、「事実」に対しては「意見」をアウトプットするというのが、基本的なルールです。

もちろん、全部のアウトプットに対して、問いかける必要はまったくありません。アウトプットに詰まったときには、この秘訣を試してみてください。新たな気づきが生まれたり、「自分なりの答え」が見えてきたりしますよ。

それでは、「2つの問いかけ」を意識しながら、《コンポジションⅦ》の「アウトプット鑑賞」をしていきましょう。

「親子のクジラ」が見えますか?

「ねえ、クジラがいるみたいに見える」

——どこからそう思う?

「絵の下のほうに青いクジラがいる。赤い点が目で、口をパカっと開けている」

——そこからどう思う?

「無邪気な感じでかわいい!」

「子どものクジラみたい」

「クジラの口から、放射状に水しぶきが出ている」

「水しぶきのなかに、小人のようなのがいるよ」

「小さいマーメードが見えた」

——どこからそう思う？

「茶色い髪、黄色のドレス、青いハープを持っている」

——そこからどう思う？

「なんか物語がつくれそう。海のなかが舞台のファンタジーみたいな」

「左上に海に沈む夕日が見えた！　逆さ向きの景色」

——どこからそう思う？

「海がオレンジ色に染まっているから。波のような模様もある」

「あ、巨大なクジラがいる！」

——どこからそう思う？

「絵を逆向きに見て。ちょうど中央あたりに、黒い円で囲まれた目玉がある。はっきりとした輪郭はないけれど、ごちゃごちゃした模様全体が身体。左を向いた大きなクジラに見えてくるよ」

「見えてきた！　ちょうど右上に尾ヒレみたいなものもある」

――そこからどう思う？

「クジラの身体にゴミが詰まっている。ゴミをたくさん飲み込んじゃったクジラ」

「明るい絵だと思っていたけれど、環境問題を感じさせる」

「大きいクジラと、子どものクジラだね」

――そこからどう思う？

「親子かな。小さいクジラは口から光と水のしぶきを出して、汚れた海をキレイにしているんじゃないかな。そんな物語がつくれそう……」

いかがでしたか？「ごちゃごちゃとしていて、なんだかよくわからない」という印象で終わりそうな絵も、「アウトプット鑑賞」と「2つの問いかけ」を組み合わせると、いろいろなものが見えてきたのではないでしょうか。

ところで、作者であるカンディンスキーは、実際のところ「なに」を描こうとしたのでしょうか？

じつをいうと、**カンディンスキーはこの絵に「なに」といえるような具象物をいっさい描いていません。**「一生懸命クジラ探しをしていたのに！」「さんざん考えさせておいてひどい！」というみなさんからの声が聞こえてきそうです。

しかし、カンディンスキーの《コンポジションⅦ》は、西洋美術史上初の「具象物を描かない絵」として知られているものなのです。具象物が描かれていない、いわゆる「抽象画」なんて、ほかにもありそうなものですが、それまでの長い西洋美術の歴史のなかで、いずれの絵をとってみても必ずなにかしらの「具象物」が描かれていました。

たとえば、ここまで見てきたマティスの《緑のすじのあるマティス夫人の肖像》も、ピカソの《アビニヨンの娘たち》も、アートの世界に新しい「ものの見方」を生み出した画期的な絵ではありますが、どちらにもやはり「マティスの妻」「5人の娼婦」という具象物が描かれていますね。

そのような意味で、《コンポジションⅦ》は過去の西洋美術史上のどの絵ともまるで違っているのです。

彼はいったいどのような道のりをたどって「具象物が描かれていない絵」という「表現の花」を咲かせるに至ったのでしょうか？

「無性に惹かれる絵」を生み出す方法

カンディンスキーは1866年にモスクワの裕福な家庭に生まれました。

幼少のころからピアノやチェロを演奏し、音楽に親しんでいたといいます。大学では法学と経済学を学び、卒業後は大学教員として約束された道を歩みはじめていました。

そんな折、モスクワでたまたま訪れた展覧会で、人生を変えることになる「ある作品」と出会います。

その絵は、カンディンスキーがそれまでに見てきたどの絵とも違っていました。多彩な色調と無数の筆跡で埋め尽くされたその絵には、抽象的な形がぼんやりと浮かんでいるようでした。**彼はそれを見たとき、「なに」が描かれているのかがまったくわからず、困惑した**といいます。

ワシリー・カンディンスキー
(1913年ごろ)

しかし、それにもかかわらず、カンディンスキーはなぜかその絵に惹きつけられました。

その絵の正体は、モスクワから遠く離れたパリで、**クロード・モネ**というアーティストが描いた《**積みわら**》という作品です。[25] その絵には、畑で刈り上げられた藁《わら》が、小屋のような形に積み上げられている田園風景が描かれています。タイトルにも《積みわら》とあるように「具象物」が描かれていたのはまず間違いありません。

クロード・モネ《積みわら（日光）》1891年、個人蔵

しかし、その描き方が当時あまりに斬新だったため、これを見たカンディンスキーにはなにが描かれているのかがすぐにはわからなかったのでしょう。

カンディンスキーは「なぜ、その絵に惹きつけられたのか」について、この体験を振り返りました。

そして、1つの考えに至ります。

「『なに』が描かれているかわからなかったのに、惹きつけられたのではなく、
『なに』が描かれているかわからなかったからこそ、惹きつけられたのではないだろうか」

こうしてアートの魅力に取り憑《つ》かれていったカンディンスキーは、とうとうアーティストに転向する決心をします。自分が《積みわら》に魅了されたときのあの感覚を再現しようと、「探究の根」を伸ばしはじめたのです。

探究をはじめたカンディンスキーは、絵に「なに」が描かれているのかをあえてわからなくするために、対象物の形状を歪めて描いてみたり、極端に色を変えてみたりしました。しかし、ほとんど原型がわからないほどに変化を加えたところで、元をたどればそこには必ず「具象物」の影がありました。そのことが彼の頭を悩ませます。

そんななか、カンディンスキーは「あるもの」に目をつけました。幼少のころから親しみ、愛してきたクラシック音楽です。そこで彼は、音を色に置き換え、リズムを形で表現して

みることにしました。音やリズムは、目に見えません。具象物ではないのです。絵から「具象物」が消えた瞬間でした。

カンディンスキーは、**人の心に直接響き、見る人を惹きつけるような絵を追求しました。その結果、「具象物が描かれていない絵」という「表現の花」を咲かせるに至った**のです。

アートは、マティスによって「目に映るとおりに描くこと」から解放され、ピカソによって「遠近法的なものの見方」からも解き放たれました。そして今度はカンディンスキーによって、「具象物を描く」という暗黙の了解からも自由になったといえるのです。

アート鑑賞には「2種類のやりとり」がある

「なるほど、この絵の意味がわかってようやくスッキリしました」

「作者本人がそう語っているのなら、それが『正しい見方』なんですね」

ここまでの解説を聞いて、そんなふうに思った人がほとんどではないかと思います。

「アート作品の『見方』は、それをつくった『アーティスト本人』が決める」というのは、たしかに真っ当な考え方だと思います。

でも、本当にそれだけなのでしょうか？

もしそうだとすると、「アウトプット鑑賞」でみなさんが出した「子どものクジラ」「ゴミを飲み込んだ大クジラ」「マーメード」「海」……というのは、いったいなんだったのでしょう？ それらは「正しい見方」を教わる以前の「勝手な思い込み」に過ぎなかったのでしょうか？

ここで、「アート作品の『見方』とは？」というこのクラスの問いについて、もっと深く探究していくために、私が考える「アートの2種類の見方＝鑑賞方法」をご紹介したいと思います。

1 背景とのやりとり

2 作品とのやりとり

まずは「**背景とのやりとり**」です。

ここでいう「背景」とは、「作者の考え」に加え、「作者の人生」「歴史的背景」「評論家による分析」「美術史における意義」など、作品を背後から成り立たせているさまざまな要素のことを総称しています。

「マティスは《緑のすじのあるマティス夫人の肖像》によって『目に映るとおりに描く』という従来のアートのゴールを覆《くつがえ》した」

「ピカソは《アビニヨンの娘たち》によって、『遠近法的なリアルさ』に対して疑問を投げかけた」

ここまでの授業で行われてきたこれらの解説に触れていたとき、みなさんは主に「作品の背景」とやりとりをしていたことになります。

私はプロローグで、すぐに解説文を読んで納得した気になってしまう鑑賞者のあり方をやや否定的に扱いました。しかし、解説文に書かれた内容も、立派な、「作品背景」の1つです。アート思考を実践するには、解説をまったく読まずに、すべて自力で「自分なりの答え」を生み出さなければならないというわけではありません。

図1　背景とのやりとり

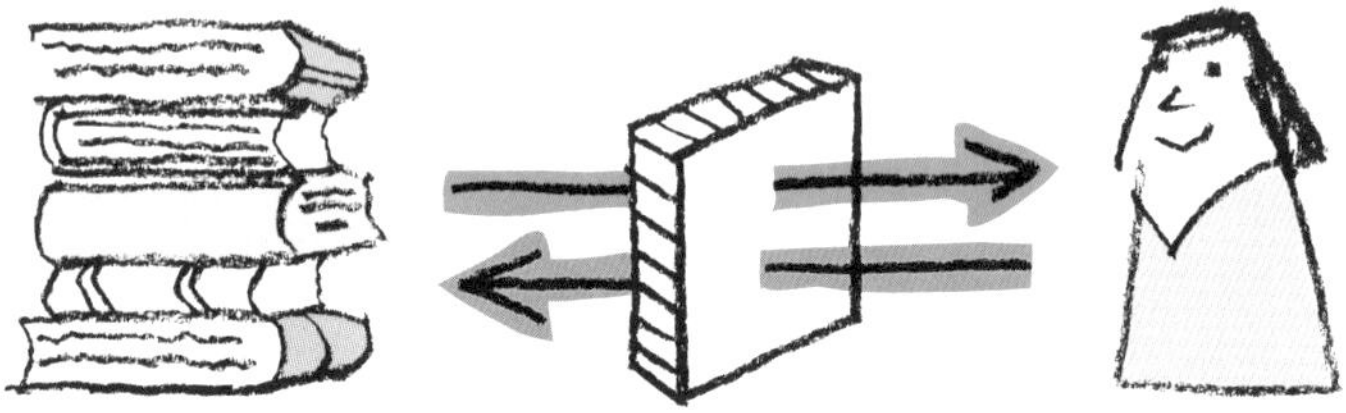

しかし問題は、作品の「背景」についての情報を受け取ると、多くの人は、あたかもそれが唯一の「正しい見方」であるかのように、「なるほど、そういうことか。覚えておこう」と思考をストップさせてしまうことにあります。

もう少しわかりやすくするために、図1を見ながら説明したいと思います。

作品の「背景」に触れるときに忘れてはならないのは、「やりとり」ができているかということ。ちょっと難しいいい方をすれば、「作品の背景」と「鑑賞者」とのあいだに双方向的な関係性が不可欠だということです。

ここまでの「アート思考の教室」で体験していただいたとおり、**作品の「背景」は、本来、鑑賞者にさまざまな「問い」を投げかけているは**ずです。それが図のなかの「緑色の矢印」です。

「目に映るとおりに描いた絵だけが『すばらしい作品』なのだろうか?」

「『リアルさ』は、遠近法だけでしか実現できないのだろうか?」

私たちはこれらの問いに向き合うことで、「自分なりの答え」をつくろうとしてきましたね。それが図のなかの「オレンジ色の矢印」に該当します。

ここまでの授業では、かなりじっくりと「背景とのやりとり」をやってきましたので、その面白さはある程度実感していただけていることと思います。

では、もう1つの見方、「**作品とのやりとり**」とはどのようなものなのでしょうか?

こちらについては、次ページにある図2を見てみましょう。

こちらの図では、作品を中心にして、左右にアーティストと鑑賞者がいます。

アーティスト自身も作品とやりとりをしながら、作品をつくり上げています。それが、「緑色の双方向の矢印」です。

図2　作品とのやりとり

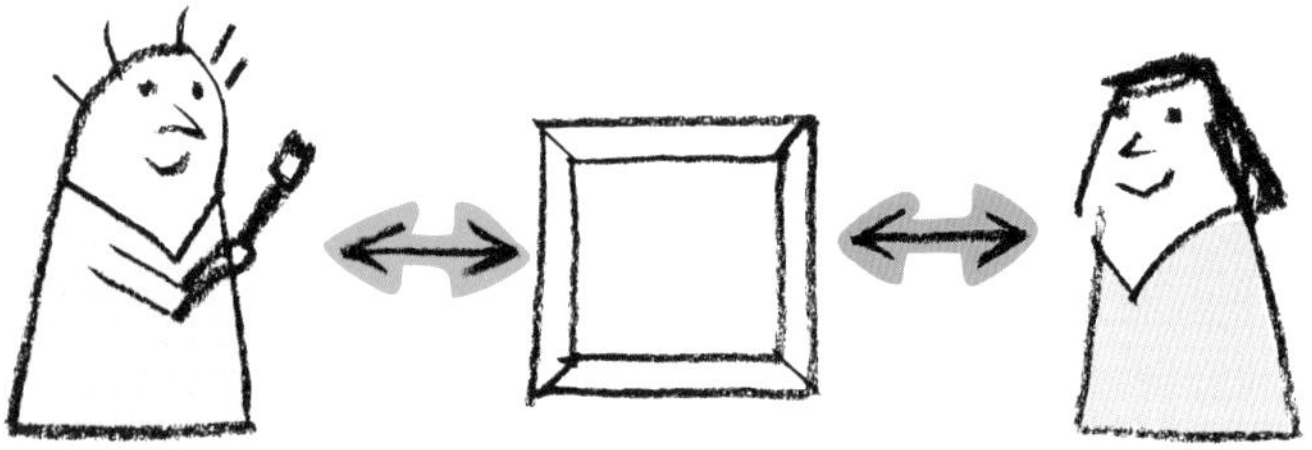

「モネの《積みわら》から得た感覚を再現するにはどうしたらいいだろう？」
「具象物の形や色を変えて描いてみたが、これは思ったものではない」
「音楽のイメージをもとに描けば『具象物が存在しない絵』になるのでは？」

アート作品が、アーティストと作品とのこうしたやりとりのなかで生まれることは間違いありません。

しかし、「作品とのやりとり」には、もう1つまったく別の矢印があります。それが、鑑賞者と作品との間にある「オレンジ色の双方向の矢印」です。

「鑑賞者と作品とのやりとり（オレンジ色）」は、「アーティストと作品とのやりとり（緑色）」からは完全に独立しています。**鑑賞者が作品とやりとりするときには、アーティストがどんなことを考えて作品**

をつくったかはまったく考慮されません。

ここで思い出してみてください。このクラス3では私はいきなり《コンポジションⅦ》をお見せして、「この絵にはなにが描かれているでしょうか?」と問いかけました。

そうして純粋に作品だけを見ていただいたことで、「〝ゴミが詰まった親クジラ〟と〝口から水しぶきを出す子クジラ〟が汚れた海をキレイにする物語」というすばらしいアウトプットが生まれました。

音楽を聴くとき私たちがしていること

カンディンスキーは、一鑑賞者としてモネの《積みわら》を前にしたとき、まさに「作品とのやりとり」をしていました。

初めてこの絵を見た彼は、「なにが描かれているのかわからない。けれど、なぜか惹かれる!」という感覚を持ちました。そこで性急に「作品のタイトル」に正解を求めるということはせず、自分と作品とのやりとりによって湧き起こったその感覚を大切に、それを再現すべく探究をはじめたのです。

そして、音を色に置き換え、リズムを形で表現することで彼がたどり着いたのが、「具象物を描かない絵」という「自分なりの答え」でした。

鑑賞者と作品との間の自由なやりとりを可能にする**カンディンスキーの《コンポジションⅦ》は、まるで「音楽」のような作品**だといえます。なぜなら、音楽を聴くとき、多くの人はごく自然に「作品とのやりとり」をしているからです。

わかりやすく考えるために、私自身の話をしましょう。

私は2017年に、フィリピンとニュージーランドへ長い旅に出ました。約1年間にわたる旅が終わるころ、ニュージーランドでの長距離バスのなか、果てしなく続く田園風景に沈んでいく夕日を見ながら「ある音楽」を聴きました。

ザ・ビートルズの『イン・マイ・ライフ』という曲です。「いろいろな場所に記憶があり、それらは決して色褪《いろあ》せることがない。でも、そのどれよりもいまあなたを愛している」という内容を歌ったもので、私が大好きな曲の1つです。

この音楽が自分のなかに入ってきた瞬間、旅のあいだに起こったいろいろな出来事、出会った人々、私を送り出し支えてくれた人のことが想い出されて、胸がいっぱいになりました。

いまでもこの曲を聴くと、そのときの感情がはっきりと呼び覚まされます。

多かれ少なかれ、みなさんにも音楽にまつわる似たような経験はあるのではないでしょうか。

しかし、考えてみてください。

この曲の作者とされるジョン・レノン[26]は、おそらく彼自身の経験や記憶をもとに歌詞を紡いだはずです。それは、彼が生まれ育ったイギリスのどこかの場所や、彼が愛した人のことであったかもしれません。少なくとも、私が訪れた地や、私が大切にしている人たちのことではないはずです。

だからといって、誰も「私の感じ方が間違っている」とはいわないでしょう。

『イン・マイ・ライフ』とそれを聴く人との「作品とのやりとり」から生み出される「答え」は、作者であるジョン・レノンがこの曲に込めた「答え」と同じように価値があるはずです。

音楽を聴くとき、私たちは「作者はなにを表現したかったのだろう？」「ここはどう解釈するのが『正しい』のだろう？」「作者の意図がわからないからこの曲は理解できない……」などと考えてばかりはいません。ただ純粋にその作品だけに向き合っている瞬間があるはずです。

このように、**音楽の鑑賞においては、多くの人がごく自然に「作品とのやりとり」をしているのです。**

しかし、どういうわけか美術作品となると、作品の見方は「作品の背景」や「作者の意図」だけにあると考えられがちです。

他方、鑑賞者による「作品とのやりとり」は軽んじられる傾向があります。作品を見て「う〜ん、ちょっとわかりません……」などといっている人は、まさにその典型でしょう。

しかし、美術の世界にも音楽と同じように「作品とのやりとり」という見方があるのなら、作者の意図とはまったく関係ないところで、「《睡蓮》にはかえるがいる！」といってもいいはずです。

カンディンスキーは、**「具象物を描かない絵」を生み出したことによって、美術の世界における「作品とのやりとり」への可能性を推し進めた**のではないでしょうか。

「アートという植物」を育てるもの

いかがでしょう、ちょっと難しかったですか？

でも、安心してください。要するに、「アウトプット鑑賞」でみなさんが感じたこと――「子どものクジラ」「マーメード」「ゴミを飲み込んだ大クジラ」「海」は、《コンポジションⅦ》の1つの「見方」なのです。

それはよくいわれるような「感じ方は人それぞれ」「アートはなんでもあり」という表層的な話ではありません。むしろ、**みなさんの「作品とのやりとり」が、作者とともにアート作品をつくり出している**のです。

「背景とのやりとり」と「作品とのやりとり」という2つの鑑賞法には、それぞれ違った面白さがあり、その双方がアートをより充実させてくれるというのが私の考えです。

やや先取りになりますが、クラス4に登場するアーティストのマルセル・デュシャンも、こう語っています。

「作品はアーティストだけによってつくられるものではない。見る人による解釈が、作品を新しい世界に広げてくれる」[27]

さて、以上の内容を踏まえて、後半はエクササイズをやってみましょう。

ちょっと頭が疲れたと思いますので、気楽に取り組んでいただければと思います。

やってみよう

100文字ストーリー

まずはリラックスした状態で、
次の絵を1分間じっくりと見てください。

次に、「あなたがこの絵から感じたこと」をもとに、
100文字程度で短いストーリーを考えます。
これはまさに、作品から感じたことを言葉にする
「作品とのやりとり」です。
用意はいいですか? それでは、はじめましょう!

いかがでしょう？　このエクササイズ、簡単そうに思えますが、じつはかなり難しいのです。というのも、「作品とのやりとり」をしているつもりでも、多くの人はつい次のように考えてしまうからです。

「おそらく作者は◯◯を表現したかったのではないか？」

この考えのウラには、「『作品の見方』は作者が持っている」という思い込みが見え隠れしています。作者の意図を推測し、それを「いい当てよう」としているのです。それもれっきとした1つの鑑賞方法です。しかし、今回のエクササイズの狙いは、鑑賞者であるあなたが「作品とのやりとり」をすることです。作者のことはいったん忘れて、「あなた自身がこの作品だけから感じたこと」をストーリーに落とし込んでみてほしいのです。

さて、みなさんはこの絵からどのようなことを感じ取ったのでしょうか？「100文字ストーリー」を聞いてみましょう。

「カタカタカタ……深夜2時。ある男がスマホの画面をにらむ。この男はいまなにを見ているのだろうか？　そしてなにを考えているのだろうか？」

「ここは深い穴のなか。頭上高くには小さな出口が見える。手を伸ばしても、飛び上がっても届かない。叫んでも、誰も顔を出す気配すらない。はあ……どうしたらいいんだ」

「雨の日の夜、通勤ラッシュの人混みに揉まれる私。いやというほど人がいるのに、誰も私を気にかけないし、私も誰のことも気にかけない。私はいつも一人ぼっちだ」

1枚の絵から、じつにさまざまなとらえかたができるものですね。

ここで、この作品の「背景」を種明かしすると、これはある1人の生徒が描いた絵です。作品のタイトルは《希望》——。

せっかくなので、この絵を描いた本人にも話を聞いてみたいと思います。

「中央の白い部分は、小さな希望の扉です。ふつう、『希望』と聞いて思いつくのは、パステルカラーなどの明るい色や、キラキラしたイメージだと思いますが、この絵では思い切って扉の周りを真っ黒にしました。それによって、白い部分が、より明るく輝いて見えると考えたからです。小さいけれど力強い希望が表現できたと思っています」

あなたが作品から紡《つむ》いだストーリーと、作者が意図していたこととは、まったく違ったかもしれません。しかしそれでも、「ああ、そうだったのか……。そこまではわからなかったなあ！」なんて思う必要はありません。

「作品とのやりとり」は、作者とあなたがフィフティー・フィフティーで作品をつくり上げる作業なのですから。

作者の「答え」と鑑賞者の「答え」、その2つが掛け合わさることで、「アートという植物」は無限に形を変えていくのです。

もう1つの視点

「作品とのやりとり」を促すもの

「アート作品の『見方』とは?」という問いについて探究してきたクラス3では、「背景とのやりとり」と「作品とのやりとり」という2つの鑑賞方法を紹介しました。

ここからは、「作品とのやりとり」について、別の角度から深めていきましょう。

なぜこんなに「情報量」に差があるのか

次ページの作品は、安土桃山時代(16世紀)に**長谷川等伯**《はせがわとうはく》(1539~1610)によって描かれた《**松林図屏風**《しょうりんずびょうぶ》》という屏風絵です。

日本の国宝でもあるこの作品。目にしたことがある人もいるかもしれません。

それでは見ていきましょう!

クロード・ロラン《View of La Crescenza》1648〜1650年、メトロポリタン美術館、ニューヨーク

いかがでしたでしょうか？

ここでは、この《松林図屏風》を「西洋のルネサンス絵画」と比較しながら見ていきたいと思います。

比較対象となるのは、ルネサンス後期（17世紀）のイタリアで、**クロード・ロラン**が描いた風景画です。[28]

自然の風景が描かれた2つの絵を見比べてみて、気がつくことはありますか？

ロランの作品には、ローマ郊外にいまも実在する景色が描かれています。この場所にはどんな種類の木々や草が生えているのか、遠くにはなにがあるのか、太陽はどの位置にあり何時ごろなのか、どんな天気なのか、どんな地形なのか……見事に描かれたこの風景画からは、その気になればさまざまな情報を正確に読み取ることができます。

他方、《松林図屏風》はというと、どうでしょう?

描かれているのは松の木々だけで、画面の約半分はほとんどなにも描かれていない「**空白**」です。この絵は白黒なので、木々の色も、空の色もわかりません。

そのため、この場所が山奥なのか庭園なのかもわかりませんし、晴れているのか雪が降っているのか、朝なのか夕暮れなのかをつかむための手がかりすらも、絵のなかにはまったく示されていないのです。

もしもルネサンス画家のロランが、白黒で空白ばかりのこの屏風絵を見ようものなら、「なぜ最後まで描き込まないのだ⁉」と呆れ返ったのではないでしょうか。

このように《松林図屏風》と、ロランの風景画の違いは一目瞭然です。しかしなぜ《松林図屏風》は、このように空白ばかりで、情報量が少ないのでしょう? 西洋に比べて、日本の絵画が遅れていたからでしょうか? いいえ、そんなことはないはずです。

朝顔を摘み取ることで、そこに生まれたもの

これについて考えるために、少し話がそれるようですが、《松林図屏風》が描かれたのと同じ安土桃山時代に活躍した茶人・千利休《せんのりきゅう》（1522〜1591）にまつわるエピソードを紹介しましょう。

利休の庭には、朝顔が見事に咲き誇っていました。あるとき、その評判を当時の天下人である豊臣秀吉が聞きつけ、「見せてもらおうではないか」ということになりました。わざわざ殿が見に来るとなれば、花に水をやって手入れをしたり、庭の雑草を抜いたりして万全に備えるのがふつうでしょう。

しかし、利休がしたことは正反対でした。利休は当日の朝、なんと庭の朝顔の花をすべて摘み取ってしまったのです。

庭を訪れた秀吉は「いったいどういうことだ?」と状況が飲み込めません。

不思議に思ったまま茶室に入ると、そこには、「一輪の朝顔」が生けられていました。

このエピソードをあなたならどのように解釈しますか?

たとえば、「利休は咲き誇っていた朝顔を摘み取るという究極のシンプル化をすることによって、茶室の一輪の朝顔を引き立てた」というのは? これは解釈としても筋が通っていますし、そう考える人は少なくないと思います。

しかし、「作品とのやりとり」という視点を入れるなら、もうちょっと別の考え方もできそうです。つまり、**利休が目指していたのは「鑑賞者とともにつくり上げる庭」だったのではないでしょうか。**

もし秀吉が「朝顔が咲き誇る完成された庭」を見せられていたら、どうなっていたでしょう? 彼はおそらく「おお、すばらしい!」と感動したでしょうが、それでは受け身の鑑賞で終わってしまったことでしょう。見事な花で埋め尽くされた完璧な庭は、それ以上にもそれ以下にもなりません。

では、花が摘み取られた「空白」の庭と、たった一輪の朝顔を見せられた場合は?

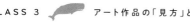

きっと彼は、残された「一輪の朝顔」を手がかりにして、それらが庭に咲き誇っていた様子を想像したのではないかと思います。

そうやって生み出された「想像上の庭」は、実際に朝顔が咲いていた「現実の庭」よりも、はるかに奥行きの深いものであったかもしれません。

「空白の庭」は、鑑賞者の想像によって、無限に変化し得るのです。

《松林図屏風》の前に座ると、なにが起こるのか

ロランが描いたルネサンス期の風景画は、「朝顔が咲き誇る完成された庭」に似ています。細密な描写による美しい風景画は人を感動させますが、鑑賞者が想像を膨らませる余地はあまり残されていません。

一方、《松林図屏風》は、朝顔を摘み取ってしまったあとの「空白の庭」に似ています。

実際にこの絵が飾られているところを想像してみましょう。

《松林図屏風》は、2隻《せき》が対になった屏風です。

高さは約1・6メートル、当時の日本人の平均的な身長より少し高い程度でしょう。幅は1隻が3・6メートル、かなりの長さです。ただし屏風を立てる際には蛇腹《じゃばら》状に少し折り曲げるので、実際にはもう少し短くなります。

当時は、テーブルや椅子は一般的ではありませんから、鑑賞者は屏風が立っているのと同じ畳に直接腰を下ろして、この絵を眺めることになります。下から見上げるような格好になりますから、屏風はさらに大きく感じられることでしょう。

すると、まるで自分がこの風景のなかに入ったかのような感覚に襲われます。

ひんやりとした空気が身体を包みます。
ここは深い森でしょうか。
息を吸い込むと、土や苔の湿った匂い。
どこかで、鳥の鳴き声もします。
木々のあいだから光が差し、松の緑が鮮やかに輝きはじめます……。

これは「私の鑑賞」でしかありません。実際に《松林図屏風》に描かれているのは、モノクロで部分的に描かれた松の木だけです。大部分は「空白」で構成されており、それ以外に手がかりはありません。

しかしそうであるがゆえに、鑑賞者による十人十色の想像を可能にします。

「作品とのやりとり」が成立するうえでは、その作品がどれほどの「情報量」を持っているかは関係ありません。

むしろ、《松林図屏風》のように**「作品とのやりとり」を許す「空白」が残されているほうが、作者と鑑賞者がともにつくり上げる作品になりやすい**ように思うのです。

さて、クラス3では「アート作品の『見方』」をめぐる冒険をしてきました。

「作者の意図をいい当てること」だけにとらわれていた人はもちろんですが、もともと「アートは自由に見ればいいだけだ」と感じていた人も、「アート作品の見方」についての考えを深められたでしょうか？

最後に、これまでどおり3つの視点から授業を振り返り、あなたの「探究の根」を伸ばしましょう。

BEFORE THE CLASS

はじめに《コンポジションⅦ》を見ながら「アウトプット鑑賞」したとき、あなたの「アート作品の見方」はどんなことにとらわれていましたか？

「『アウトプット鑑賞』では、がんばって『作者が描こうとしたもの』を探そうとしていた気がする……」

「私は、カンディンスキーの絵のなかに『ピエロ』や『船』を発見しました。でも、そのあと作品の解説を聞いたとき、自分の感じ方は間違っていたのだと思ってしまいました」

「鑑賞って、作者が伝えたかったことを正確に読み取ることだと思っていた」

AFTER THE CLASS

授業を踏まえ、「アート作品の見方」について、いまのあなたはどのように考えますか？

「エクササイズでは、私が描いた絵を見ながら鑑賞をした。私は『希望』を表現したつもりだったけれど、ほとんどの人が暗いイメージを受け取ったらしい。でも、ほかの人の考えを聞いてから改めて自分の絵を見てみると、なぜか以前と少し違って見えた。はじめは純粋に明るい希望を表現したつもりだったけれど、いまは、苦境や逆境の暗いトンネルを通り抜けた先にある、もっと力強い希望に感じられる。答えを知っていたはずの私が、新たになにかを教えてもらった気がした」

「『答えは1つ』と当然のように思ってきたけど、たくさんの答えが同時に存在するっていうのもいいなと思った」

「クラス2で、『人の視覚はその人の知識や経験によって歪められる』ということを学びました。そのように考えると、同じ1枚の絵を見ていたとしても、人によって見え方が違ってくるのは当然のことだと思いました」

BEYOND THE CLASS

授業を通り越して、このクラスの問いについて考えられることはありますか？

「これまで、僕のなかで『主観的』というのは、『客観的』なことに比べるとネガティブなイメージがあった。でも、この授業を受けて、つねに客観的な答えに頼るのではなくて、たまには自分の主観に頼ることも大切だなと思った」

「他教科でプレゼンテーションをしたとき、私の考えとは違う意見を出した人がいました。これまでの私だったら、自分と異なる意見に対して『嫌だな』と感じていたと思うけれど、そのときは『その意見も1つの答えだから受け入れよう』と思えました。プレゼンテーションは、自分の考えを伝えて同意を得るためだけの場ではなくて、ほかの人と一緒に考える場でもあると思いました」

「友達から『Aちゃんの性格は◯◯だね』といわれたとき、私の性格が間違ってとらえられていると感じた。でも、『私が知っている私』と『友達が知っている私』『親が知っている私』は異なっていて当然だし、『私が知っている私』だけが『正解』ではないと考えてみることにした。そうしたら、『自分らしさを出さなきゃ』という気持ちが減って少し気が楽になった」

CLASS 4

アートの「常識」って どんなもの?

──「視覚」から「思考」へ

どこまで「常識」を脱ぎ捨てていくのか

全部で6クラスある「アート思考の教室」も、折り返し地点を迎えて、残り半分となりました。

ここまで見てきたように、20世紀のアートの歴史は、過去の「アートの常識」からの解放をめぐる歴史にほかなりません。「目に映るとおりに描くこと」や「遠近法」といった従来の「あたりまえ」に気づき、そこから脱出するなかで「自分なりの答え」を生み出すという姿勢こそ、20世紀のアーティストたちに共通する特徴だといえるでしょう。

カンディンスキーに至って、ついに「具象物を描くこと」からさえも自由になったアートは、いったいどこに向かうのでしょうか?

目の眩《くら》むようなアートの冒険は、まだまだ終わりません。「自分なりの答え」を探し求めた彼らの軌跡とともに、後半もぜひお楽しみいただければと思います。

先回りしてお伝えしてしまいますが、このクラス4では、それまでのアートが依拠していた「大きな前提の1つ」がとうとう乗り越えられることになります。

それは「美」です。

「美術」という言葉が表しているように、それまでアートというのは「目で見て美しいもの」を生み出すことであると考えられてきました。

しかし、**「アートは『目で見て美しいもの』でなければならない」というのは、果たして本当でしょうか？**

このクラス4では、「アートの『常識』ってどんなもの？」という問いについて考えをめぐらせ、あなたなりの答えを生み出してみてほしいと思います。

これについて実感を伴って考えるため、ひとまず、また簡単なエクササイズをやりましょう。

やってみよう

アートの常識をめぐる5つの質問

5つの質問に
YES／NOの2択で答え、丸をつけます。
あくまで、あなたの主観でかまいません。
丸をつけたら、その理由についてもぜひ考えてみてください。準備はいいですか？　それではどうぞ！

①アートは美を追求するべきだ

なぜ？　YES ／ NO

②作品は作者自身の手でつくられるべきだ

なぜ？　YES ／ NO

③すぐれた作品をつくるにはすぐれた技術が必要だ

なぜ？　YES ／ NO

④すぐれた作品には手間暇がかけられているべきだ

なぜ？　YES ／ NO

⑤アート作品は「視覚」で味わえるものであるべきだ

なぜ？　YES ／ NO

さっそく、みなさんの考えを聞いてみましょう。
ここまでの授業を受けてきたことで、以前の自分とは異なる答えを選んだという人もいるようですよ。

①アートは美を追求するべきだ

【YESと答えた人】

「アートは『美術』、つまり、美を表現する術だから」

「美しくないアートもあるのかもしれないけど、自分的にはやっぱりきれいで心地いいものであってほしい」

「条件つきでYESかな。美の定義は、その地域の伝統や習慣、時代の流行によって変わる。アートは、その地域・時代における美を追求するものだと思う」

【NOと答えた人】

「マティスやピカソの絵は、美しいとはいえないけれど、アートとして認められているから」

②作品は作者自身の手でつくられるべきだ

【YESと答えた人】

「その証明として、作品には作者のサインが書かれる」

「もしも他人のものを自分の作品として発表したら、それは盗作か著作権侵害」

【NOと答えた人】

「音楽の場合、作詞家や作曲家が別にいたとしても、発表されるときには歌手の名前で出されるから」

「ほかの人からのアドバイスを受けてつくった作品の場合も、正確には作者自身だけがつくったとはいえない」

「クラス3で見たように、作者と鑑賞者が共に作品をつくっているといえるから」

③すぐれた作品をつくるにはすぐれた技術が必要だ

【YESと答えた人】

「上手な絵だけがいいとは思わない。でも、どれだけすぐれた発想があっても、やっぱり技術がないと形にできない。技術を身につけたうえで、その人らしい表現をするのがベストだと思う」

「ピカソも、学生時代は絵画の技術を徹底的に学んだという話を聞いたことがあるから」

【NOと答えた人】

「アートは見た目の美しさや完成度より、考えが大事だと思う」

「子どもが描いた絵だって、その子の親にとってはすぐれたアートといえる」

④すぐれた作品には手間暇がかけられているべきだ

【YESと答えた人】

「絵の値段は、大きさで決まることが多いと聞いたことがある。つまり、大きくて制作時間がかかるものほど価値が高いと思う」

【NOと答えた人】

「実際に手を動かす制作時間は短いけれど、考えた時間は長いという作品もあるはずだ」

「書道家の描いた文字やカメラマンの写真などでは、時間がかかっていないけれど、すぐれた作品というのもあると思う」

⑤アート作品は「視覚」で味わえるものであるべきだ

【YESと答えた人】

「もちろん。逆に、目で見る以外どうやって鑑賞するのだろう？」

「『視覚芸術』という言葉があるぐらいだから、見て味わえるものであることは必須だ」

「視覚以外で楽しむアートもあるかもしれないが、その場合でもやっぱり同時に視覚も使うはず」

【NOと答えた人】

「クラス3で見た《松林図屏風》は、描かれていないものを想像して楽しむ作品だった。あれは、『視覚』よりも『心』で味わう作品であるような気がする」

「『チームラボ』[29]の展示に行ったことがある。あれは体験型のアートという感じで、全身を使って楽しめた」

「う～ん、なるほど！」という意見もたくさんありますが、あなた自身の答えと照らし合わせてみたとき、どうでしょうか？

それが、いまのあなたが持っている「アートの常識」です。しかし、ここではその常識が揺らぐことになるかもしれません。

「アートに最も影響を与えた20世紀の作品」第1位

さて、いま考えていただいた5つの質問を踏まえながら、さっそくクラス4のメインとなる作品を見ていきましょう。

クラス3でも少し予告させていただきましたが、今回見ていくのは、マルセル・デュシャン（1887～1968）というアーティストによる作品です。

デュシャンは、フランスの文化的な家庭に生まれました。子どものころからアーティストになることを志

マルセル・デュシャン（1927年ごろ）

しており、マティスが通っていたのと同じ、アカデミー・ジュリアンという美術学校で絵画の基礎を学びます（ただし、ビリヤードに明け暮れ、決して真面目な生徒ではなかったようですが……）。アーティストとして出発した初期の作品には、クラス2でピカソが示したものの見方に影響を受けた油絵なども見られます。

それではさっそく左の作品を見てみましょう。これは、デュシャンが30歳のときに発表した《泉》という作品です。

日本語では「泉」と翻訳されていますが、英語表記のタイトルは《Fountain》、つまり、「噴水」という意味に近いようです。

写真だけでは実物をイメージしにくいので、少し説明を加えましょう。

まず、この作品は絵画ではなく立体です。陶器なので、表面はツルッとしています。サイズは「高さ30・5センチ×幅38・1センチ×奥行き45・7センチ」ですから、両手を使って持ち上げられそうな大きさです。

この《泉》は、美術史上きわめて重要な作品として認知されています。

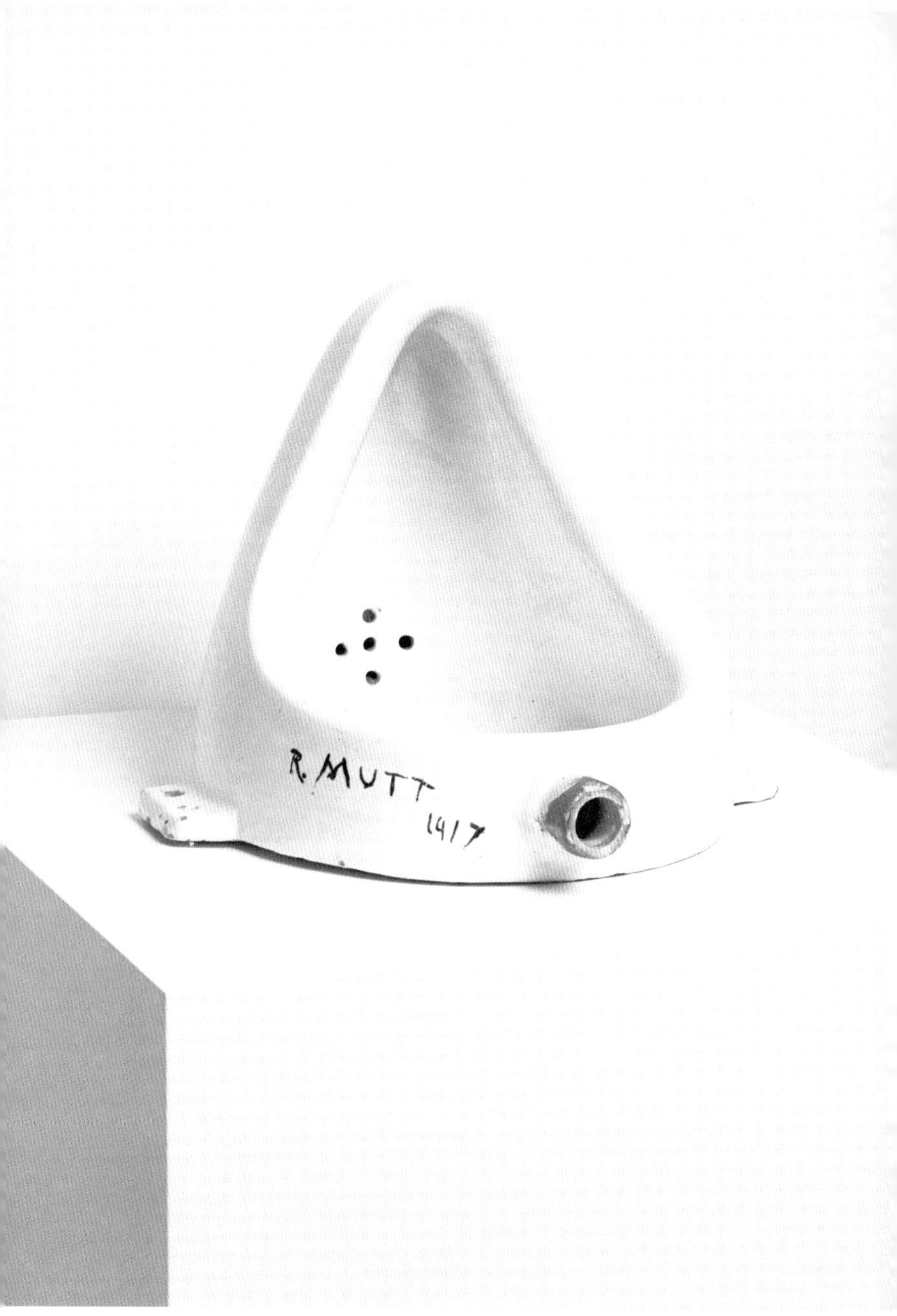
R. MUTT
1917

2004年にイギリスで行われた専門家500人による投票では**「(アート界に)最も影響を与えた20世紀のアート作品」の第1位に選ばれた**ほどです[30](ちなみに第2位はピカソの《アビニヨンの娘たち》でした)。

……ですが、どうでしょう?

一見して「すばらしい!」とはいいづらい作品だと思いませんか?

まずは視覚だけを使う

これまで見てきた作品と比べると、いかにも特徴が少なそうですが、「アウトプット鑑賞」をしてみれば、なにか発見があるかもしれません。まずは作品をよく見ながら、気づいたことをアウトプットしていきましょう。

「どこからそう思う?(意見に対して事実を聞く)」「そこからどう思う?(事実に対して意見を聞く)」の質問も組み合わせることで、気づきをさらに深めていきます。

「三角錐の形をしている」

「穴が5つ開いている」

――そこからどう思う?

「穴から水が出てきそう」

「水が溜まって『泉』になるとか」

「手前のパイプから水が噴き出す?」


「『R. MUTT』というサインが書かれている。」

「読み方はアール・ムット? マット?」

――そこからどう思う?

「作者の名前(デュシャン)とは違う。誰なのかが気になる……」

「この作品を所有していた人の名前かなあ」


「書かれている字が雑だね」

「年号が1919にも1917にも見える。どちらなのだろう」

――そこからどう思う?

「作者ではなく、この作品に思い入れがない人が後から書き入れたとか？」

「トイレと形が酷似している……（笑）」

「材質もトイレっぽい」

――そこからどう思う？

「小さいから、ペット用トイレなんじゃない？」

「じゃあR. MUTTというのはペットの名前なのかも」

「手前の筒のところが茶色い」

――そこからどう思う？

「なんか汚らしくてイヤ」

「ここにパイプがつながっていた？」

「これ、もともとは壁に取りつけられていたと思う」

――どこからそう思う？

「左右に壁に取りつけるためのような突起があるから」

——そこからどう思う?

「おかしいな。これを壁に取りつけるとなると、サインの向きが逆だ」

「なにかしら、実用的な道具だと思う」

「洗面台とか?」

「米を炊く道具かも」

便器を選んでサインをし、《泉》と名づけただけ

さまざまな憶測が飛び交いましたね。

あなたは、この作品がもともとなんであったのかに気がつきましたか?

みなさんのアウトプットにも出てきていましたが、じつはこれ……「男性用の小便器」なのです。そうは見えないと思う人は、写真を逆さにしてみてください。台に接している面は、もともと壁に接していた部分です。手前の大きい穴は、便器上部のパイプにつながる部分です。

しかし……よりによって便器を作品にするなんて、かなり突飛ですよね。では、作者のデュシャンがこの便器をつくったということでしょうか？

いいえ。彼はこれをつくってさえいません。これは、街中のトイレに設置されているようなありふれた便器です。デュシャンが作者としてやったことといえば、**便器を選び、逆さにして置き、端っこにサインをし、《泉》というタイトルをつけた**——ただそれだけです。

ここまで「アート思考の教室」をそれなりに楽しんできた方でも、「便器を置いただけのアート作品」なんて、さすがに呆れるか、それを通り越して腹が立ってきたかもしれません。

しかし、そのように感じたのは決してみなさんだけではありません。この作品は、当時の展覧会に展示することさえも拒絶された「超問題作」だったのですから。

世の中を騒がせた問題作

デュシャンは確信犯的なやり方で、この問題作を世に出しました。

《泉》を発表した30歳当時、デュシャンはすでにアーティストとして一定の評価を得ており、ニューヨークでのある展覧会の実行委員にもなっていました。それは6ドルの出品料さえ払えば、誰でも無審査で作品を展示できると謳《うた》う公募展でした。

デュシャンはそこに目をつけ、《泉》を出品することにしたのです。

ただし、デュシャンは実行委員だったので、偽名を使うことにしました。「委員の作品だ」という色眼鏡を通してではなく、公正な目で作品が判断されることを望んだからです。作品に「R. MUTT(R・マット)」というサインが書かれているのには、このような背景がありました。

しかし、無審査の公募展だったにもかかわらず、結局この作品が展示されることはありませんでした。公募展の実行委員たちは、**「これはただの便器だ。アートではない」と判断し、展覧会場に飾られるべきではないと考えた**のです。

デュシャンは実行委員の1人だったわけですが、自分が「R・マット」であるということはひた隠しにしたまま、素知らぬ顔でほかの委員たちによるこの判断を見守っていました。

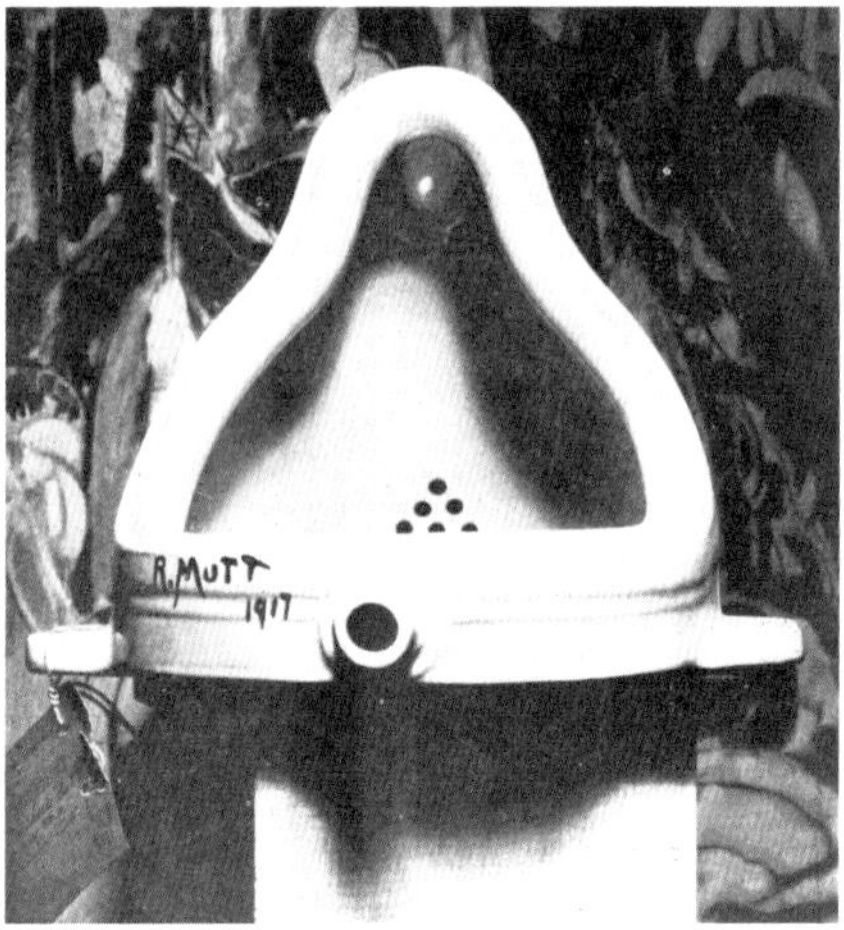

当時の雑誌に掲載された《泉》の写真（1917年）
photo by Alfred Stieglitz

彼が行動に出たのは、そのあとのことです。

公募展が終わると、彼は突然、仲間とともに発行していたアート雑誌[31]に《泉》の写真を掲載したのです。展示されることがなかった《泉》は、この雑誌記事によってついに人々の目にさらされることになりました。

だから、みなさんが《泉》を見て、「え、これがアートなの⁉」と呆れるのは決しておかしな反応ではありません。むしろ、デュシャンはあえて議論を巻き起こそうとして、この作品を発表したのだと思います。

もしもこの《泉》が最初から「おお、すばらしい作品だ！」と受け入れられ、例の公募展にすんなりと展示されていたら、彼の狙いは大きく外れていたことでしょう。

便器を鑑賞するなんて、よほどの物好き

2018年、上野の東京国立博物館で、デュシャンの作品を中心とした企画展が開催されました。[32]《泉》は展覧会のポスターにも使われ、目玉作品として扱われていました。

私はこの展覧会に行った際、人々がこの作品をどのように鑑賞するのかをついでに観察してみたことがあります。

《泉》は、腰の高さほどの白い台の上で、ガラスケースに覆われて展示されており、たくさんの人がこの作品の前で足を止めていました。なかには、この作品の姿を目に焼きつけようとするかのように、腰をかがめて作品に顔を近づけている人もいます。ガラスケースをゆっくりと一周し、いろいろな角度から作品を観察している人もいました。

鑑賞者たちは、作品の形態・質感・表面のわずかな傷・サインなどをじっくりと見つめていました。

そんな鑑賞者たちの姿を観察しながら、私は考えました。

「もしもデュシャンがこの場に居合わせて、人々のこのような姿を見たら、どんなリアクションをしただろうか？」

美術館で真面目に鑑賞していた方々には悪いのですが……きっとデュシャンは鼻で笑っただろうと思うのです。実際、彼は《泉》についてこう語っています。

「最も愛好される可能性が低いものを選んだのだ。よほどの物好きでないかぎり、便器を好む人はいないだろう」[33]

前述のとおり、《泉》に用いられた便器は、デュシャンがつくったものではなく、とくに珍しい造形のものでもありません。唯一、デュシャンが自ら手を動かした「サイン」ですら、黒いインクで雑に（それも、偽名が）書かれているだけです。

美術館で立派なガラスケースに入れられ、いかにも「どうぞ、よーく鑑賞してください」といわんばかりに展示されてはいたものの、やはりそこにあるのは「ただの便器」だったのです。

「この便器にもサインをしてください」

「それでもやっぱり、有名なアーティストがたった1つの便器を選び出して、そこに直筆でサインをしたということに価値があるんじゃないですか?」

そう考える人もいるかもしれません。歴史的遺物に認められるような価値が、この便器にもあるのではないかということですね。しかし、残念ながらその可能性は低いといわざるを得ません。

最初に見た《泉》の写真(193ページ)と、デュシャンが雑誌に掲載した写真(200ページ)とをよく見比べてみてください。なにか気づくことはありませんか?

そう、2つの便器は形状が違っているのです。よく見ると、サインの筆跡にも微妙に違いがあるようです。

じつをいうと、上野の東京国立博物館で人々が見ていた《泉》は「レプリカ」で、アメリカのフィラデルフィア美術館が所蔵しているものです。

デュシャンが公募展に出品し、のちに雑誌で発表した「オリジナルの作品」は、展示されることのないまま失われてしまいました（おそらくゴミと間違えられて捨てられてしまったのでしょう）。第1号の《泉》の現物を見たのは、公募展の委員ら、ごく一部の人たちだけなのです。


だとしても、なぜオリジナルとレプリカで「違う便器」を使っているのでしょう？　まったく同じ形のレプリカをつくることだって容易にできたはずです。

それには事情があります。

《泉》の発表からかなりの月日が経過した1950年、美術商だったジャニスという男が、マンハッタンにある自身のギャラリーで開催する展覧会に《泉》を展示したいと考えました。しかし、前述のとおりこの作品はすでに紛失していました。

そこでジャニスは驚くべき手段に打って出ます。彼はフリーマーケットで中古の便器を購入し、デュシャンに「この便器にサインをしてくれ」と頼んだのです。

なんとも失礼なこの依頼を受けたデュシャンは大激怒した……かというと、まったくそんなことはありませんでした。彼はジャニスの申し入れに対し、(おそらく)「オッケ〜」と快諾し、再び「R. MUTT 1917」とサインしたのです。

東京国立博物館で人々がまじまじと見ていたあの目玉作品、そして、みなさんにじっくりと「アウトプット鑑賞」をしていただいた《泉》は、デュシャンが選んだものですらありません。**第三者である美術商の男がフリーマーケットで手に入れた「ただの中古便器」**だったのです。

このような話を聞いてしまうと、呆れや腹立ちが蘇ってくるのではないでしょうか?やはりこの作品は、デュシャンの悪趣味なイタズラだったのでしょうか?

そんなことはありません。《泉》が「最も影響を与えた20世紀のアート作品」という評価を受けているのは、これが単なる悪ふざけではなく、彼なりの探究に基づいた「表現の花」であると考えられているからです。

では、デュシャンはこの奇妙な作品を通じて、いったいなにを表現したかったのでしょうか?「アートという植物」に沿って解説してみたいと思います。

「視覚」から「思考」への最後の〝ダメ押し〟

すでにお話ししたとおり、ルネサンス絵画の世界では、「花＝作品」の美しさや精度などの出来栄えが、すぐれた作品であるかどうかの決め手とされていました。別の言葉でいえば、「視覚で愛《め》でることができるかどうか」こそが、最も重要だったのです。だからこそ、目に映る世界を描き写す遠近法などが、大いにもてはやされました。

それに対し、20世紀のアートでは「探究の根」のほうにも目が向けられます。ここまで見てきたマティス、ピカソ、カンディンスキーらは、「表現の花」を生み出す過程で育まれる「探究の根」にこそアートの核心があると考えたのです。

しかし、彼らは同時に、作品である「表現の花」にも重きを置いていました。**自分たちの探究の過程は、あくまでも「視覚で愛でることができる表現」に落とし込まれるべきだという前提がそこにはあった**のです。

デュシャンが目をつけたのは、まさにそこでした。

事実、《泉》からは「視覚で愛でられる要素」がことごとく排除されています。元が便器である以上、美しいとはいいがたいですし、見るのも触るのもイヤだという人もいるでしょう。

つまり、**《泉》とは「表現の花」を極限まで縮小し、反対に「探究の根」を極大化した作品**にほかならないのです。デュシャンはこの作品によって、アートを「視覚」の領域から「思考」の領域へと、完全に移行させたといってもいいでしょう。

かくして、マティス、ピカソ、カンディンスキーらが推し進めてきた「表現の花」から「探究の根」への移行は、デュシャンがとうとう「最後のダメ押し」をする結果となったわけです。

これを踏まえて、ぜひもう一度、今度は《泉》を「目」ではなく「頭」で鑑賞してみてください。目だけを使って「アウトプット鑑賞」したときには多くを語らなかったこの作品も、頭で鑑賞してみると、私たちの「思考」を大いに触発するような問いを投げかけていることに気がつくのではないでしょうか？

最初のエクササイズでみなさんに考えていただいた「5つの質問」を覚えていますか？

□アートは美を追求するべきか？
□作品は作者自身の手でつくられるべきか？
□すぐれた作品をつくるにはすぐれた技術が必要か？
□すぐれた作品には手間暇がかけられているべきか？
□アート作品は「視覚」で味わえるものであるべきか？

種明かしをすると、じつはこれらはすべて、私自身が《泉》を「頭」で鑑賞したときに浮かんできた問いの一部だったのです。

デュシャンは「彼なりのものの見方」を通して、アートのあらゆる常識を疑ってかかりました。なかでも大きくひっかかっていたのが、「アートは美を追求するべきものなのか……？」という疑問だったのでしょう。

デュシャンは、自分のなかに湧き上がったこの疑問を放置せず、「探究の根」を伸ばしました。

その結果、《泉》という「表現の花」を咲かせ、「目」ではなく「頭」で鑑賞するアートという「自分なりの答え」を生み出したのです。

すでにお伝えしたとおり、20世紀のアートの歴史は、それまでの「あたりまえ」からの解放の歴史です。

マティスは「目に映るとおりに描くこと」、ピカソは「遠近法によるリアルさの表現」、カンディンスキーは「具象物を描くこと」といった「常識」からアートを解き放ち、「自分なりの答え」を生み出してきました。

そして、デュシャンは《泉》によって、**それまで誰も疑うことがなかった「アート作品＝目で見て美しいもの」というあまりにも根本的な常識を打ち破り、アートを「思考」の領域に移した**のです。

実際、デュシャンはかなりあとになってから、「私は、美学を失墜させようと考えたのだ」と語っています。[34]

しかし、デュシャンのことをよく理解し、彼の作品を蒐集《しゅうしゅう》していたコレクターでさえ、《泉》を初めて目にしたときには、「デュシャンは便器の白く輝く美しさに目を向けたのではないか」と受け止めたといいます。「アート＝美」という前提がいかに根強いものだったかがわかりますね。

デュシャンによる「アート＝視覚芸術」からの解放は、それ以降のアートの可能性を爆発的に広げることになりました。

《泉》が「最も影響を与えた20世紀のアート作品」といわれるゆえんは、まさにここにあるのです。

もう1つの視点

デュシャン顔負けの「問題作」の茶碗

ここからのパートでは、「アートの『常識』ってどんなもの？」という問いについて、もう1つ別の角度から考えてみましょう。

見ていただく作品は**《黒楽茶碗《くろらくちゃわん》　銘《めい》俊寛《しゅんかん》》**。これはクラス3でも登場した茶道の大家・千利休が自らプロデュースし、**長次郎**という職人に特注でつくらせた逸品です。利休はシリーズでいくつもの「黒楽茶碗」をつくらせ、茶会で好んで用いていました。

重要文化財にも指定されているこの茶碗についてのある解説文をご紹介しましょう。

「……（承前）本碗はつとに名高いものである。柔らかみのある端正な姿に黒釉《こくゆう》がよく調和し、落ち着いた佇《たたず》まいを示す長次郎の黒楽茶碗の優作である」[35]

さて、ずいぶんとハードルが上がっていますが……その作品をご覧ください。

「シンプル」というよりは「お粗末」な茶碗

どうでしょうか？　解説を読んだあとだと、いかにも重要文化財らしく見えるかもしれませんが、パッと見ただけだと「え、そこまで……」というのが正直な印象ではないでしょうか？　その感覚は決して間違っていないと思います。

なぜなら**《黒楽茶碗》は「デュシャン顔負けの問題作」だった**のですから。

それをたしかめる意味でも、当時から最高峰だとされていた茶碗と《黒楽茶碗》とを見比べてみましょう。比較対象となるのは、次ページにある《**曜変天目**《ようへんてんもく》》。南宋時代の中国でつくられ、輸入された器で、現在でも日本の国宝として多くの人から愛されている至宝です。[36]

おそらくみなさんは「茶道＝日本文化」というイメージをお持ちだと思いますが、茶道はもともと中国から伝わりました。そのため、当時は日本製の道具は「お粗末」と考えられており、本家中国の茶道具が好んで使われる傾向にありました。

《曜変天目(「稲葉天目」)》12～13世紀、静嘉堂文庫美術館
©静嘉堂文庫美術館イメージアーカイブ / DNPartcom

《曜変天目》は、宇宙のように神秘的で美しい色合いをしています。星のようにも見える模様は、見る角度によって輝きが変わるそうです。表面はまるで宝石のようにつやつやとしており、ろくろを使って形成してあるので、端正な形をしています。

他方、《黒楽茶碗》はどうでしょう?ろくろを使わず、手だけでつくられているため、形はなんともいびつです。飲み口は見るからに歪み、表面にはボコボコとした跡が目立ちます。

《曜変天目》のような美しい模様も艶《つや》もなく、色は黒一色。あまりにも工夫が見られません。

おまけにこれは、当時では粗末だとされた日本製です。利休がこれをつくらせた長次郎は、謎の多い人物ですが、もともと屋根《やね》瓦《がわら》をつくる瓦職人であり、茶碗づくりに関しては素人同然であったという説もあります。

このように見てみると、《黒楽茶碗》が従来好まれてきた茶碗といかに異なっているのかがかなり際立ってきます。

茶室空間から「逆算」し考えつくされた作品

利休はいったいなぜこのようなものをわざわざプロデュースし、愛玩したのでしょう？それを考えるために、この茶碗を茶会で使うところを想像してみましょう[37]。

利休が好んだ茶室はとても狭く、たった2畳のものさえあります。入り口は、茶室の下方につけられた小さな木製の引き戸です。腰をかがめ、這《は》いつくばって入ります。部屋の内部は至って質素。壁は裸のままの土壁です。床の間には一幅《いっぷく》の掛け軸が掛けられ、壁には花が活けられています。花が活けられているのは華麗な花瓶……ではなく、利休がナタで切り落としただけの簡素な竹筒です。

分厚い土壁の上方には小窓があり、障子が貼られています。この小窓が、茶室の唯一の光源です。季節や時間、天気によっては、かなり薄暗くなる様子が想像されます。

ここで利休が茶を点《た》てます。あなたの前に、真っ黒な茶碗が差し出されます。従来の茶碗のように「見た目の美しさ」を楽しむことはできません。

《黒楽茶碗》を手にすると、ボコボコとした表面の凹凸とともに、手のひらに茶の温かさが感じられます。口に運ぶと、歪んだ飲み口が唇にあたり、そこからゆっくりと茶が口のなかに流れ込んできます。茶の温かさがじっくりと身体全体に染み込んでいくようです。

おわかりでしょうか？

利休は《黒楽茶碗》から「視覚で愛でることができる要素」をあえて排除し、「視覚」ではなく、「触覚」で楽しむ茶碗をつくろうとしたのではないか——それが私の考えです。

実際のところ、利休本人の言葉は残されていないので、彼がなにを意図してこの茶碗をプロデュースしたのかはわかりません。しかし逆にいえば、《黒楽茶碗》もまた、「作品とのやりとり」を通じて、自由に「自分なりの答え」を持つ余地が残されている作品なのです。

さて、20世紀のアートでは、デュシャンが「美」のイメージとはほど遠い「便器」を作品に仕立て上げることで、「アート＝視覚芸術」という常識を壊し、アートを「視覚」から「思考」の領域に移しました。

しかしそれより300年以上前、西洋から遠く離れた日本では、**利休が「視覚」で愛でることができる要素をあえて排除した「触覚で味わうアート」をつくり出していた**のです。

このクラス4では、「アートの『常識』ってどんなもの？」という問いについて考えをめぐらせてきました。

作品の「美」を視覚で愛でることだけが、アート鑑賞のあり方なのだろうか？

「思考」や「触覚」を使って味わう鑑賞があってもいいのではないだろうか？

デュシャンや利休が咲かせた「表現の花」は、アートの常識を揺るがすような根本的な問いを私たちに投げかけています。ここまでの内容を踏まえて、3つの視点で授業を振り返り、あなたの「探究の根」を伸ばしましょう。

BEFORE THE CLASS

はじめのエクササイズで「5つの質問」に回答したとき、あなたがとらわれていたアートの常識はありましたか？

「『作品は作者自身の手でつくられるべきだ』という質問にだけは、絶対に『YES』と思っていた」

「『アート作品は視覚で味わえるものであるべきだ』という質問には、聴覚などほかの感覚器官を使うアートもありそうだ……という意味で『NO』としました。でも、まさか頭を使うアートなんて、考えてもいなかったです」

AFTER THE CLASS

授業を踏まえ、「アートの常識」について、いまのあなたはどのように考えますか？

「《泉》をはじめに見たときの私の感想は『トイレ……汚い』というマイナスのものだった。しかしそれは、視覚だけの鑑賞をしていたからだ。今回、頭を使って鑑賞してみたことで、アートに対する考え方が大きく変わった。アートについて考えるのは、難しいけれど面白い!」

「僕はいままで、水彩・鉛筆・油絵・粘土・彫刻など、『画材』や『方法』をアートと呼んでいたのだと気がついた。その画材や方法を使って『なにを表現するのか』こそが本当のアートなのだといまは思う」

「《泉》にかぎらず、アートとはもともと『視覚』を通して『頭』で楽しむものだと思います。なぜなら、視覚は感覚器官でしかないからです。感覚器官で得た信号が、脳内で処理される。だから、アート作品とはそもそも頭を使って想像上の世界で楽しむものなのだと思います」

「《泉》を鑑賞して疑問に思ったことは、《泉》はたしかに思考中心の作品だけれど、便器というモノが美術館に飾られている以上、視覚でも鑑賞できます。このことから、《泉》でさえも、ある意味ではまだ視覚という常識に依存しているのではないかと思いました」

BEYOND THE CLASS

授業を通り越して、このクラスの問いについて考えられることはありますか？

「授業を受けた少しあと、花火大会に行きました。ふつうは、目で花火を楽しむけれど、試しに目をつぶってみました。すると、『ドン！』という大きな音のほかに、『パラパラパラ……』という細かい音が聞こえてきたり、花火を楽しんでいる周りの人たちの声がいつもよりよく聞こえてきたりしました」

「人間は感覚器官のなかで目をいちばん発達させていて、情報の9割ぐらいが視覚によるものだと聞いたことがある。でも、赤ちゃんはほかの感覚器官も使っているから、なんでも手で触ったり口に入れたりするらしい。視覚以外のセンサーを意識して使ってみたいと思った」

「これまで僕は、アートに対して『感覚的』『センス』『右脳』というイメージを持っていました。今回、『頭で鑑賞するアート』を初めて知ったことで、どちらかというと左脳系の自分にとってもアートは楽しめるものだと思いました」

CLASS 5

私たちの目には「なに」が見えている?
——「窓」から「床」へ

アート思考は、過去に存在した「正解」に左右されることなく、「自分だけのものの見方」を通じて、「自分なりの答え」を探究する営みです。20世紀のアーティストたちはまさにそうしたプロセスを経ることで、独特な「表現の花」を咲かせてきました。

彼らの主眼は見事な「花」をつくりあげることよりも、「探究の根」を伸ばすことにありました。ですから、結果として生み出される作品は、しばしば異様なものとして私たちの目に映ります。

あろうことか「男性用小便器」をアート作品だといってのけたデュシャンに至っては、「いよいよ来るところまで来たな〜」という感じがしますよね。

デュシャンはそれまでのアートが依拠していた「視覚中心の鑑賞」という前提すらも、取り払ってしまいました。さすがにもうこれ以上は先に進めないように思えてきますが……それでも、まだまだ彼らの冒険は続きます。

アート作品を鑑賞・制作するとき、私たちはまだなにかを前提としているのでしょうか？ **「アートといえば、○○なのがあたりまえ」という常識が、依然としてどこかに入り込んでいるのでしょうか？**

そのような常識や前提というのは「色メガネ」のレンズのようなものです。私たちはつねに「それ」を通じてアート作品を見るのだけれど、それ自体は決して「**見えない**」――そんなものがまだどこかに隠れているとしたら……？

クラス5では「私たちの目には「なに」が見えている？」という問いについて掘り下げていきたいと思います。

ではこれまでどおり、実感を伴って考えていくために、簡単なエクササイズからはじめましょう。

やってみよう！

5分間ラクガキ

今回のエクササイズは、
ただ「鉛筆」でラクガキをしてみるだけ。
そのとき、ちょっと意識してみて
いただきたいことがあります。
それは、なるべく
「ほかの人と共通点がなさそうな絵」に
するということ。
とはいえ、
あくまでも「ただのラクガキ」なので、
なにを描いても大丈夫です。
気負うことなく好きなものを、
ささっと描いてみてください。

準備はいいですか？　それではどうぞ！

いかがでしょう？

学生時代、ノートやプリントの端っこに、ラクガキをした経験がある人は多いのではないかと思います。

そのときみたいに、心をからっぽにしてラクガキできましたか？

次ページに、みなさんのラクガキのなかから、6点を選ばせていただきました。

みなさん、ラクガキにしては力作ですね。ふだん、なにげなく描いているラクガキも、いざ教師から「ラクガキをしてください」といわれてしまうと、けっこう身がまえてしまうものなのかもしれません。

さて、**今度はこれらのラクガキに「共通点」を探してみましょう。**

個人が好き好きに描いたので、どの絵もてんでバラバラに見えますが、「6つの絵すべてに共通しているポイント」を探してみてください。

6つすべてに共通していることは?

1

2

3

4

5

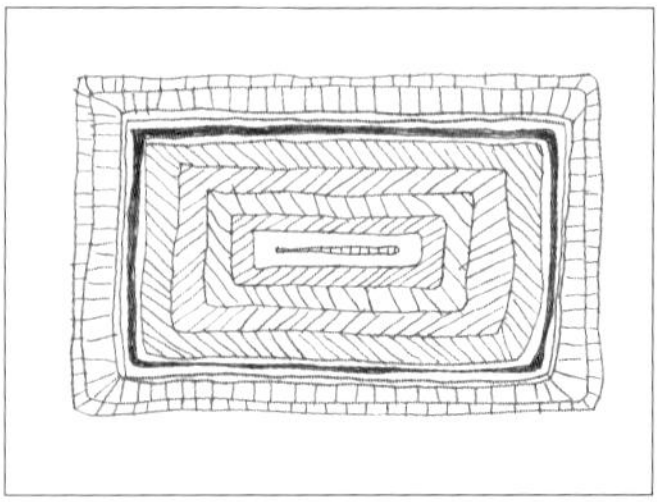

6

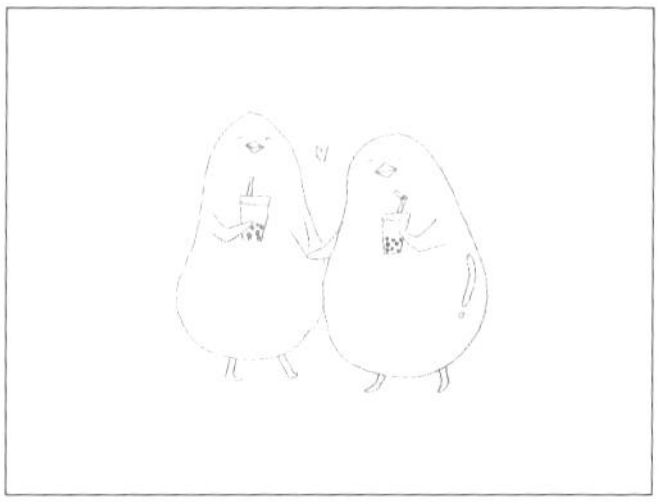

「④以外の絵は平面的だよね」

「⑤以外はどれも、自然界に存在するものがもとになっているよ」

「④だけは紙全体を使って描かれている」

「う〜ん、あえていえば、どの絵にも輪郭線がある点かな……」

「鉛筆で描いているから当然だけど、どの絵も白黒」

「白い範囲が圧倒的に多いこととか？」

いくつかの絵の共通点は出てくるものの、**「すべての絵に共通すること」となると、なかなか難しい**ようです。あなたは「すべての絵の共通点」を見つけることができましたか？

みなさんのラクガキにどんな共通点があるのかはいったん置いておき、クラス5のメインとなるアート作品のほうに移りましょう。

ここでは、ジャクソン・ポロック（1912〜1956）というアーティストが1948年に発表した《ナンバー1A》という絵を見ていきます。

縦の長さは成人男性の身長ほどある、およそ1・7メートル、横の長さはおよそ2・6メートル。かなり大きな作品だということを念頭に置いてご覧ください。

Pollock, Jackson (1912-1956): Number 1A, 1948. New York, Museum of Modern Art (MoMA). Oil and enamel on unprimed canvas, 68' x 8' 8' (172.7 x 264.2 cm). Purchase. Acc. n.: 77.1950. ©2020. Digital image, The Museum of Modern Art, New York/Scala, Florence.

これまでのクラスで扱ってきた4人のアーティストたち（マティス、ピカソ、カンディンスキー、デュシャン）は、当時のアートの中心地とされていたヨーロッパ（とくにフランス）を拠点として活動しました。

それに対して、ポロックは、第一次世界大戦の直前にアメリカで生まれ、ニューヨークで活動したアーティストです。

長引く大戦の犠牲となった当時のヨーロッパでは、国土と経済が疲弊していきました。その一方で、戦禍を免《まぬが》れ勝利を収めたアメリカが、国際社会の中心的存在となっていきます。

この流れに伴い、アートの中心地もパリからニューヨークに移っていきました。長い歴史を誇り、伝統的なアートを重んじる傾向がまだまだ色濃かったヨーロッパに比べ、アメリカでは新時代のアートが勢いよく広がっていきます。

そんな潮流のなか、決定的な役割を担ったのがポロックでした。ポロックの《ナンバー1A》は、今日に至るアートの歴史のなかでも高く評価されており、**同時期に同じ手法で制作された《ナンバー17A》は、歴代5番目の超高額で取引されたアート作品**としても知られています。[38]

……しかし、いかがでしょう？

おそらく多くの人は「こんなぐちゃぐちゃな絵が高く評価されているなんて……これだからアートの世界はわからないな」と首をかしげているのではないかと思います。たしかに、そこまで高価な絵には見えません。

一風変わった描き方の先にあるもの

なぜこの絵が高く評価されているのかが気になると思いますが、ひとまずは率直に作品と向き合うために「アウトプット鑑賞」をしたいと思います。

今回はとくに**「この絵がどうやって描かれたか？」**という部分にも注目しながら、気づいたことをアウトプットしてみてほしいと思います。

それでは、「アウトプット鑑賞」をはじめましょう！


「目をつむって描いたみたい」

「なにも考えないで描いたんじゃないかな」

「酔っ払っているときに描いた？」

「むしゃくしゃしている感じ」


――どこからそう思う？


「怒りにまかせて描きなぐったようなごちゃごちゃな線がたくさんあるから」

「白黒中心で色合いが暗いから」


「チューブから絵の具を直接出して描いたんだと思う」

「すごい量の絵の具を使いそうだね」

「お好み焼きにマヨネーズをかけるときに使う道具みたいなのを使ったんじゃないかな」

「1人ではなく何人かで描いたとか」

「カッターで激しく切り裂いたみたいに見える」

「筆についた絵の具を振って飛ばして描いたんだと思う」

——どこからそう思う？

「（とくに白い絵の具は）直線的な部分が多いから」

「黒い絵の具が先で、白い絵の具は後に使ったんじゃないかな」

「白い絵の具は粘度が高いと思う」

——どこからそう思う？

「よく見ると、白い絵の具のところに影があって、絵の具が盛り上がっているのがわかる」

「白と黒以外にも、グレーが使われている」

「2つの色を混ぜてグレーの絵の具をつくったのかな」

「赤や黄色の点々がある」

「水滴を落とすような感じで、色のついた絵の具をポトッと落としたみたい」

「適当に描いているようでいて、案外色のバランスがとれている」

「この絵は上下がないみたいに見える」
「あ、下の真ん中あたりにサインが描かれている」
「右上と左のほうに、黒い手形のようなものがある」
「右上の黒い影は、もしかしたら足跡かな？」

――そこからどう思う？

「描いた人の動きが感じられる絵だと思う」

「この絵がどうやって描かれたか？」について、じつにさまざまな憶測が飛び交いました。乱雑に描いたようにしか思えなかった《ナンバー1A》ですが、じっくりと見てみると、案外いろいろな発見がありますね。

みなさんの推測どおり、ポロックはこの絵を一風変わった方法で描いています。彼の描き方は、机の上に紙を置いたり、イーゼルにキャンバスを立て掛けたりといった一般的なものとはまるで違っていました。

ポロックはまず、部屋の床に大きなキャンバス生地を直接敷きました。そして、片手に絵の具がたっぷり入った缶、もう片方の手には筆や棒などを持ちます。筆や棒に絵の具をたっぷりと含ませると、腕を振ってそれをキャンバスに撒き散らしていきました。

ポロックは椅子に腰掛けることなく、キャンバスの周りを動き回りながら描きます。ときには缶から直接キャンバスに絵の具を流し込んだり、手の平や足の裏についた絵の具をこすりつけたりすることもありました。

しかし……描き方が斬新であるというだけで「歴代5番目の高額取引された作品」になってしまうというのは、まだ腑に落ちないのではないでしょうか。

じつは、**ポロックがアートの歴史に名を刻んでいるのは、描き方そのものが珍しいからではなく、この描き方を通じて「自分なりの答え」を生み出したから**にほかなりません。

そして、彼の《ナンバー1A》という「表現の花」は、この世の中にカメラが登場して以来、アーティストたちを駆り立ててきた「アートにしかできないことはなにか?」という問いに対する究極の答えを生み出すことになったのです。

ジャクソン・ポロックが動き回りながら制作している様子(1950年ごろ)

じつは見えていない――「窓」と「床」の思考実験

さて、ポロックがどのような探究をしていたのかに迫っていく前に、ちょっとした体験をみなさんと共有しておきたいと思います。

読書のせいで目が疲れてきているでしょうし、きっと気分転換にもなるはずですので、ぜひやってみてください。

まずは、5秒間ほど「窓」に目を向けてみてください。

心のなかで5つを数えてみるのもいいでしょう。

さあ、「窓」を見てみましょう。

さて、今度は「床」に目を向けます。

「床」を見ながら、5秒数えてください。

では、どうぞ！

ありがとうございました。「窓」と「床」を見ていただきましたが、もちろんこれは、単なる目のリラクゼーションではありません。

まず振り返っていただきたいのは、「窓」を見たときのことです。

「窓」に目を向けていたとき、あなたの目にはなにが映っていましたか?

空、雲、風に揺れる木々、隣に建つ家、ビル、通りを歩く人……おそらくあなたが見ていたのは「窓の向こうにある景色」だったはずです。

私は「『窓』を見てください」といいましたが、**「透明な窓ガラス」という「窓そのもの」だけを見つめた人はいないだろう**と思います。

アート作品のなかでも、絵画はまさにこの「窓」に似ています。

絵画を鑑賞するとき、私たちはその絵を通して、そこに描きこまれている「イメージ」を見ています。

「窓を見てください」といわれて、「窓ガラス」を見る人がまずいないのと同じように、「絵を見てください」といわれて、**壁にかけられた物質としての「絵そのもの」に目を向ける人はなかなかいません。**

ちょっと難しい話になってきましたので、具体例と一緒に考えてみましょう。**ルネ・マグリット**作になる上の絵を見てください。

この1枚の絵に目を向けるとき、私たちは「パイプ」という「イメージ」を見ています。

しかし、そのイメージは私たちの頭のなかにあるものでしかなく、「架空」の存在でしかありません。

イメージとしてのパイプが「架空のもの」でしかないのだとすると、「現実」にあるのはなんなのでしょう？　**いま、あなたの目の前にあるのはなんですか？**

本書『13歳からのアート思考』を「紙の本」で読んでいる方の場合、現実に存在しているのは「一定の配列のインクに覆われた紙」であるはずです。

「電子書籍リーダー」や「スマートフォン」で読んでいる方であれば、「一定の色彩パターンで光っている液晶画面」といったところでしょうか。

美術館でこの絵画の実物を鑑賞しているのなら、「ある配列の油絵具で覆われたキャンバス」になるでしょう。

じつはこのマグリットのパイプの絵は、こうした事実を皮肉った作品です。絵のなかに書き込まれている「Ceci n'est pas une pipe.」は「これはパイプではない」を意味するフランス語です。この絵は「パイプのイメージ」である以前に、「3次元の物質」です。現実に存在しているのは、そうした物質にほかなりません。

しかし面白いことに、私たちがこの作品を見ているとき、「キャンバスと絵の具」とか「紙とインク」といった物質は、「窓」のように「見えない」存在となり、完全に姿を消しています。

このとき、**「そこに絵の具が貼りついたキャンバスがある」という「現実」は背景に退き、私たちにはパイプの「イメージ」のほうが「見える」ようになっている**のです。

もしも目の前に実物のパイプが落ちていたら、たとえ犬でもそれを認識するでしょう。

クンクンと匂いを嗅ぎ、おもちゃにするために口に咥《くわ》えてどこかに持っていってしまうかもしれません。

しかし、キャンバスに描かれたパイプの絵が置かれていても、犬のなかにはパイプの「イメージ」は浮かび上がりません。犬はそれを「物質としてのキャンバス」としてしか認識しませんから、キャンバスの上でお昼寝をはじめてしまうかもしれません。

このような「イメージの力」は、人間ならではのものだといえるでしょう。しかし、そうであるがゆえに、**私たちには「物質としての絵」が見えなくなっている**のです。

《ナンバー1A》が私たちに見せようとしているもの

「窓」の話の次に思い出していただきたいのが、「床」のほうです。

さきほど「床」を見たとき、あなたの目には「なに」が映りましたか？　あまり覚えていないという方は、いま一度「床」に目を向けてみましょう。

このとき目に入ってくるのは、「床そのもの」であるはずです。床板・絨毯《じゅうたん》・コンクリート・畳といった材質そのものや、その上にあるホコリ・髪の毛・染みなどが目に留まるかもしれません。

「窓」を見たときとは違い、「床」を見たときには「床の向こう側」を見ることはできません。目に映るのは「床そのもの」です。

さて、従来のあらゆる絵画が「窓」のようなものであったのとは対照的に、**ポロックの《ナンバー1A》は「床」に似ています**。

あなたの目に映った床板・絨毯・コンクリート・畳は、《ナンバー1A》でいうと「キャンバス」です。そして、床の上にあるホコリ・髪の毛・染みは、この絵でいうとキャンバスの上に載せられた「絵の具」です。

《ナンバー1A》は「床」のように不透明で、ほとんど「奥行き」がありません。「床の向こう側」になにも見えないように、この絵の向こう側にはなんの「イメージ」も見えません。その代わりに、私たちに「見える」のは、「表面に絵の具が付着したキャンバス」という物質であり、それ以上でもそれ以下でもないのです。

おわかりでしょうか？ ポロックは、**私たちの目を「物質としての絵そのもの」に向けさせようとしている**のです。

「絵は『絵の具』と『キャンバス』でできているなんて、わかりきっているよ」
「ポロックが生み出した『自分なりの答え』はそんなにすごいことなの？」

そう感じた人もいるかもしれません。

しかし、それまでの長いアートの歴史のなかでは、絵を描く人も見る人もみんな、絵を「透明な窓」のようにとらえて疑いませんでした。というよりも、自分たちがそこに描かれている「イメージ」にしか目を向けていないという事実に、気づいてすらいなかったのです。

ポロックの着眼点はまさにそこでした。

「ほかのなににも依存しない『アートそのもの』があるとしたら、それはどんな姿をしているのだろう？」——彼はそんな問いに向かって「探究の根」を伸ばしはじめたのです。

この探究の末に咲いた《ナンバー1A》という「表現の花」は、それまでに咲いたどの花とも根本的に異なる輝きを放つものでした。

20世紀のアートの歴史は、カメラが登場したことによって浮き彫りになった、「アートにしかできないことはなにか」という問いからはじまりました。

そこから、マティスは「目に映るとおりに描くこと」、ピカソは「遠近法によるリアルさの表現」、カンディンスキーは「具象物を描くこと」、デュシャンは「アート＝視覚芸術」といった固定観念からアートを解き放ってきました。

そしてついに**ポロックは、《ナンバー1A》によって、アートを「なんらかのイメージを映し出すためのもの」という役割から解放しました。**これによって絵画は、「ただの物質」でいることを許されたのです。

そうした意味では、ポロックは「絵を描いた」というより、絵の具やキャンバスという物質を使って、「絵をつくった」と表現したほうが正確かもしれません。

ポロックの「自分なりの答え」は、まさに「アートにしかできないことはなにか」という問いに対する究極の答えとなったのです。

ずいぶんと回り道をしましたが、ようやくここで、冒頭で描いてもらった「ラクガキの共通点」の話（225ページ）に戻ってくることができました。

6枚のラクガキを改めて見てみると、すべて「なんらかのイメージを映し出している」という点で共通していることにお気づきでしょうか？

さらに、みなさんが「共通点探し」をしていた際もやはり、絵の向こう側にある「イメージ」に目を向けていました。だからこそ、「⑤以外はどれも、自然界に存在するものがもとになっている」といった答えが出てきたのだと思います。

他方、ポロックの視点に立つならば、**これら6枚のラクガキはすべて「黒鉛と粘土の混合物（＝鉛筆の芯）が紙にこすりつけられた物質である」という動かしがたい共通点**を持っています。

もしポロックが「ほかの人と共通点がなさそうなラクガキ」を頼まれたら、彼は紙と鉛筆を使ってどんな絵を〝つくった〟のでしょうね。

もう1つの視点

絵画のとらえ方は無数にある

ポロックの《ナンバー1A》は、私たちが絵画を鑑賞・制作するときに見落としていた「前提」を見事に明るみに出してみせました。

私たちは知らず知らずのうちに「絵画とは『イメージ』を映し出すためのものである」と思い込んでいたのです。

ここでは、さらにもう一歩踏み込んで、「私たちの目には『なに』が見えている?」という問いについて、新たな角度から考えてみましょう。

というわけで、まずは次ページの作品をご覧ください。

「小さなアーティスト」を困惑させた問い

「まるで子どもの絵みたいだ……」


そう思った方、安心してください。

じつを言うと、これは2歳のある女の子が描いた絵です。その子はこの絵を描き上げると、お母さんを呼んで「みて」とうれしそうにいいました。

ここで想像してみてください。

もしもあなたがこの女の子の親だったら、絵を見てどのような言葉をかけますか?

あなたが言いそうな答えはこのなかにありますか?

1 「上手だね〜! 何の絵描いたの?」
2 「虹かな?」
3 「この丸いの、なあに?」

そのときの女の子とお母さんのやりとりを見てみましょう。

女の子「みて」
お母さん「なに描いたの～？」
女の子「……」
お母さん「虹？」
女の子「……」
お母さん「う～ん、なんだろう？」
女の子「……」
お母さん「（茶色い部分を指差して）コロッケ？」
女の子「……」

女の子は自分から「みて」と笑顔で声を掛けたにもかかわらず、お母さんからの問いかけに対しては、中途半端な表情を浮かべて首をかしげるばかり。最後には別のことに興味が移ったのか、会話を放り出してほかの遊びをはじめてしまいました。

結局、お母さんには、女の子がなにを考えてこの絵を描いたのかはわからずじまいになってしまったようです。

さて、その子にはいったい「なに」が見えていたのでしょうか？

ここからは勝手に想像を働かせてみたいと思います。

身体の動きを受け止める「舞台」

私たちは、「絵になにが描かれているのか」がわからないと、なんとなくすっきりしません。お母さんの「なに描いたの〜？」「虹？」「コロッケ？」などの問いかけは、「絵＝なんらかのイメージを映し出すもの」という1つの「ものの見方」から発せられています。

おそらくあなたも、彼女と同じように「絵が映し出しているイメージ」を問う言葉かけを思いついたのではないでしょうか。

種明かしをすると、じつはあの絵は、私が2歳のときに描いた絵です。もちろん当時はまだ物心がついてもいませんから、会話の内容は母から教えてもらいました。


では、なぜ私はなにも答えなかったのでしょうか？

年齢のせいでうまく説明できなかったから？

母とのやりとりに途中で飽きてしまったから？


何も覚えてはいませんが、そうではないように私は思うのです。

プロローグでもお話ししたとおり、**小さな子どもは私たち大人とはまったく違った「ものの見方」をしています**。絵のとらえ方が私たちとずいぶん違っていても、おかしくありません。


この絵をよく観察してみてください。

弧状の線を見てみると、左端が右端よりも少し濃くなっているのがわかります。左端に力がかかっていることから、この線は「左から右」に向かって描かれたと推測できます。

試しに手を動かしてみるとわかりますが、私のように右利きの人は「左から右」に手を動かしたほうが逆向きよりも描きやすいはずです。

実際の絵では、弧の幅は25センチぐらい。これは、小さな子どもの腕がちょうど無理なく届く範囲です。線の途中は色が薄くなっていますから、その部分はクレヨンをさらっと滑らせるようにして描いたと考えられます。

続いて、「コロッケ?」と母が聞いていた茶色い部分。

先ほどの弧が右に傾いていることから、私が座っていた位置は絵の真正面ではなく、少し左だったと推測できます。つまり、茶色い部分は身体のいちばん近くに位置していたはずです。

これも手の動きを想像してみてほしいのですが、腕を伸ばして弧を描くときとは違い、自分の身体の近くは、力を込めてクレヨンをこすりつけることができたのではないでしょうか。

これらを踏まえて、当時2歳だった私が、この作品のなかに見ていたことを想像してみましょう。

- □ 腕を左から右に動かし、紙の上にクレヨンをスルッと滑らせる
- □ もう1回、もう1回、色を替えてもう1回。面白くなって、何回もやってみる。目の前に、弧状の線がたくさん重なる
- □ 茶色のクレヨンを手に取る。腕をギリギリまで伸ばし、左から右にいちばん大きく動かした
- □ そのクレヨンを、今度は手前にこすりつける
- □ 自然と力が入る。クレヨンのヌルッとした感覚が面白い。夢中になってこすりつける
- □ 気がつくと、目の前に茶色い塊が現れていた
- □ お母さんに見せてみよう！

幼かった私がこの作品に見ていたのは「虹」「コロッケ」といった、絵の向こう側にある「イメージ」ではなく、自分の身体の動きによって紙のうえに刻まれていく「行動の軌跡」だったのではないでしょうか。

私たち大人にとって絵画は、なにかの「イメージ」を映し出す「窓」のようなものです。「絵には『なにか』が描かれている」というのが、当然の「ものの見方」になっています。

しかし、小さな子どもからすると、そうした「ものの見方」はあたりまえではありません。そのときの私にとって、あの絵は「虹を描いた絵」でも「コロッケというイメージを映し出した絵」でも、さらには「クレヨンが付着した紙」でさえもなく、「自分の身体の動きを受け止めてくれる舞台」だったのかもしれません。

クラス5では「私たちの目には『なに』が見えている?」をテーマに、スリリングな冒険が展開されました。

絵画はもはや、「イメージを映し出すもの」だとはかぎりません。他方、ポロックが示した「物質そのもの」や2歳児が顕《あらわ》にした「身体の動きを受け止める舞台」だけであるともかぎりません。**おそらく絵のとらえ方はほかにも無数にあり、私たちがまだ気がついていないだけなのでしょう。**

今度、絵を前にしたときには、ぜひ自分に問いかけてみてください——自分にはいま「なに」が見えているのだろう、と。

最後にクラス5を振り返りましょう。これまでどおり、3つの質問をご用意しましたので、自分でも答えてみながら、あなたの「探究の根」を伸ばしましょう！

BEFORE THE CLASS

はじめの「5分間ラクガキ」を振り返ってみましょう。そのときあなたには「なに」が見えていましたか？

「僕はとりあえず思いついた『りんご』を描きました。いま考えると、まさに絵の向こう側にある『イメージ』を見ていたみたいです」

「突然ラクガキをしてくださいといわれて、なにを描けばいいか迷ってしまった。でもそれは、無意識に『なんらかのイメージを描かなくては……！』と思い込んでいたからかも」

AFTER THE CLASS

授業を終えて、「私たちの目には『なに』が見えている？」という問いについて、いまのあなたはどのように考えますか？

「これまで私は、アートに対してなんとワンパターンだったのだろうかと気づいた。絵を見るときはいつも、『なにが描かれているのだろう？』と考えていた。今回の授業で『物質そのもの』とか『行動の軌跡』といったまったく新しい角度から絵を見ることができた」

「アート作品は作者の技によって『透明化』される。私たちが見ていたのはアート作品そのものではなく、それが映し出す『イメージ』のほうだった。私たちがアートだと思っていたものは、じつはアートそのものの姿からは、最も遠いのかもしれない。逆に考えれば、私たちがアートだと思っていないところに、アートそのものが転がっているのかもしれない」

BEYOND THE CLASS

授業を通り越して、このクラスの問いについて考えられることはありますか?

「スマホやパソコンはまさに『イメージを映し出す窓』だと思う。窓の向こうに無限の世界が広がっているけれど、すべて架空のものだ。スマホやパソコンを『物質』としてとらえてみると、毎日たくさんの人が『金属とガラスでできた板』を何時間も飽きずに眺めているということになる」

「アートを『行動の軌跡』ととらえれば、つくり手が意識していないところにも、アートは自然と生まれているのではないかと思った。砂浜の足跡、雪道にできた車の轍《わだち》、テーブルの上のキズ跡……アートは日常のなかにもあるのかもしれない」

CLASS 6

アートってなんだ?
——アート思考の極致

「どこまでがアート？」という問題

さあ、いよいよ最後のクラスとなりました。
さきほどのクラス5の振り返りでは、次のようなコメントがありました。

「……私たちがアートだと思っていないところに、アートそのものが転がっているのかもしれない」

ポロックの《ナンバー1A》は、「絵画が映し出すイメージ」ばかりに向けられていた私たちの目を「物質としての絵そのもの」に向けさせました。
反対に、ほんのちょっと見方を変えれば、私たちが「これはアートではない」と思っているもののなかにだって、アートは隠れているのかもしれません。鑑賞者が気づいていないだけでなく、ひょっとすると、作者自身もはっきりとは意識できていないこともあるのかも……。

しかし、そうなのだとすると、**「なにがアートであり、なにがアートでないのか」を決める基準はどこにあるのでしょう?**

美術館に展示されていれば、それは即座にアート作品の資格を得るのでしょうか?

「アートとはこういうものだ」といえるような枠組みは、そもそも存在するのでしょうか?

「アート思考の教室」最後のこのクラス6では、「アートってなんだ?」という根本的な問いに向かって「探究の根」を伸ばしたアーティストの冒険に注目し、みなさんにも「アート思考の極致」を体験していただくことにしましょう。

では、いつものエクササイズからです。

やってみよう

アートの仕分け

これから示す4つのものを
「アートである／アートでない」
のどちらかに仕分けしてもらいます。
「アートである」と思うものに
丸をつけてください。
仕分けが終わったら、
「なぜそのように仕分けたのか」
の理由も教えてください。
「なんとなく」で放置せずに
「なぜ」を考えることで、
いまのあなたがアートをどう定義しているのかが
おぼろげながらも見えてくるはずです。
時間をかける必要はありません。
それではどうぞ！

どれがアート? → それはなぜ?

1 彫刻 **ピエタ**

ミケランジェロ 1498〜1499年、
サン・ピエトロ大聖堂、バチカン

2 絵画 **モナ・リザ**

レオナルド・ダ・ヴィンチ
1503〜1519年、ルーブル美術館、パリ

3 建築 **ノートルダム大聖堂**

1163〜1345年、パリ
Photo: Peter Haas

4 大衆商品 **カップヌードル**

日清食品

さて、仕分け作業は終わりましたか？　みなさんは、どれを「アートである」と考えたのでしょうか？　理由とセットで聞いてみましょう。

「①・②・③がアート。アートかどうかは『コピーできるかどうか』で決まると思う。①・②・③はハンドメイドなので、完璧にコピーすることは不可能。版画作品など、コピーできるアート作品もあるけれど、その場合でも、作者の直筆で刷り数やサインが加えられたりするはず。一方、④はデータ化されたデザインなので、まったく同じものを大量生産することができる」

「①・②がアート。どれにもアートの要素は少なからずあると思うけれど、アートの度合いが違うと思う。僕は、『実用性』など芸術以外の目的よりも、『芸術』としての目的のほうが高いものは、アートといえると考えた。①・②は、『芸術』として鑑賞される以外の用途がまったくないので、純粋なアートだと思う。③は建築物としての『実用性』が含まれているので微妙なところかなと思った。④は完全に『実用性』が勝っている。『どうすれば消費者が手に取るか』『麺を入れる容器の形状・素材はどのようなものがいいか』などを考えてデザインされているので、『芸術』としての度合いが低いように思う」

なかなか説得的な理由ばかりですね。なお、「アート」と「そうでないもの」の境界線は、「③と④のあいだ」に引けそうだという意見が多かったようです。「カップヌードルはさすがにアート作品とは呼べないだろう」という声が目立っていました。

あなたはどのように仕分けしましたか？　いま、なんとなく引いた「アート」と「そうでないもの」の境界線が、あなたが持っている「アートの枠組み」であるといえそうです。しかし、このクラスでは、その枠組みにヒビが入ることになるかもしれません。

ポップなデザインの不思議な木箱

さて、このエクササイズを踏まえつつ、アーティストの作品を見ていくことにしましょう。クラス6で取り上げるのは、アンディー・ウォーホル（1928〜1987）が1964年に発表した《ブリロ・ボックス》という作品です。

それでは、ご覧ください。

Warhol, Andy (1928-1987): Brillo Boxes, 1964. New York, Museum of Modern Art (MoMA). Synthetic polymer paint and silkscreen on wood, each 17 1/8 x 17 x 14' (43.5 x 43.2 x 36.5 cm). Gift of Doris and Donald Fisher. Acc. nn.: 357.1997 and 358.1997. ©2020. Digital image, The Museum of Modern Art, New York/Scala, Florence.

写真だけではどのような作品なのかがイメージしにくいので、少し説明を加えましょう。
これは立方体の木箱が2つ重なったものです。1つの箱のサイズは1辺が約40センチ。両手で抱え上げられるくらいの大きさです。

この作品を生んだウォーホルは、1928年にアメリカのペンシルベニア州で生まれました。大学で商業デザインを学んだのち、ニューヨークで広告やイラストの仕事をします。

アンディー・ウォーホル(1966〜1977年ごろ)
Photo: Jack Mitchel

若くしてデザイナーとして頭角を現し、成功を収めたウォーホルは、徐々に「デザイナー」よりも「アーティスト」としての活動に舵を切っていきます。

とはいっても、美術学校に入ってアートを学び直したわけではありません。それまで培ってきたデザイナーのスキルを活かしながら、従来のアートの枠組みをまるごと変えてしまうような作品を生み出していったのです。

現在、**彼の作品は21世紀のアートを方向づけた重要なもの**として認識されています。

さて、問題の《ブリロ・ボックス》ですが、これまた変わった作品ですよね。もう少し詳細な情報を知りたいかもしれませんが、ひとまず背景情報はインプットせず、自分の感覚だけを頼りに「アウトプット鑑賞」をしてみましょう。

今回はとくに、**この作品は「アートである」のか、それとも「アートでない」のかという観点も交えながら、「アウトプット鑑賞」**をしていただくことにします。

それでは、はじめましょう！


「大きく『Brillo』と描かれている」

「ブリロってなんだろう？」

「『i』と『o』だけ赤い文字になっている」

「ほかにも英語でいろいろと書いてある」

「ほとんど文字で構成されている」

——そこからどう思う？

「実用的なものという感じがする」

「この作品にはなにかのメッセージが込められていそう。もしメッセージがあるなら、『アートである』といえるんじゃないかな」

「ブリロの下に、『soap』と描かれている。石鹸？」
「左上には『New!』と描かれている」
「まったく同じ箱が2つ重なっている」
「ウォーホルが、デザイナーとしてデザインした商品？」
「この箱に、24個の石鹸が入っているのではないかな」

——そこからどう思う？

「これが商品（石鹸）のパッケージだとしたら、『アートではない』と思う」

「デザイン自体はけっこう好き」
「元気な感じ」
「これまで見てきた作品よりも明るい印象」

——どこからそう思う？

「ロゴのデザインがポップ」

「文字が少し丸っこくてかわいい」

「上下の赤いラインが波みたい」

――そこからどう思う?

「躍動感がある」

「全体のデザインに作者のこだわりが見られるから、『アートである』といっていい気がする」


「アメコミ(アメリカン・コミック)っぽい印象がある」

――どこからそう思う?

「色合いかな?」

「文字のデザインもアメコミっぽい」

「赤と青って、スパイダーマンの色だ」

「星条旗の色も『赤・青・白』だよね」

――そこからどう思う?

「目立つ」

「アメリカっぽさが出ている」

「台所洗剤」がなぜアート作品といえるのか

みなさんが「アウトプット鑑賞」で真っ先に気がついたとおり、この箱には「ブリロ」と描かれています。「ブリロ」とはなんなのか、知っている人はいますか?

じつは、ブリロはアメリカでは誰もが知っている「食器用洗剤」の名前です。俵型のスチールウールに洗剤を付着させた商品なのですが、まったく特別なものでもなければ高価なものでもなく、どこのスーパーにも売られているありふれた日用品です。

「ウォーホルはこの商品のデザイナーだったのではないか」という推測もありましたが、実際のブリロ洗剤のパッケージは、ウォーホルがデザインしたものではありません。**彼はただ、この商品のロゴやパッケージデザインを、そっくりそのまま木箱に写し取っただけ**なのです。

《ブリロ・ボックス》が1964年にニューヨークのギャラリーで発表されたとき、さきほどの写真のように2箱だけが展示されたわけではありませんでした。ウォーホルは、この箱をいくつもギャラリーに運び込み、天井近くまで積み上げたのです。会場はまるで、出荷前の商品がひしめく倉庫のような雰囲気だったといいます。

とはいえ、ウォーホルは「ブリロ洗剤」を模した絵柄を、これだけたくさんの木箱に1つずつ手描きしたわけではありません。彼は木箱を大量に発注し、そこにシルクスクリーンという技術を使って絵柄を印刷しました。そのため、すべての作品が寸分違わず同じです。なお、どの箱にもウォーホルのサインもなければ、作品を見分けるための番号なども書かれていません。

これをギャラリーに展示した以上、彼がこれをアート作品として人々の目に触れさせようとしたことは間違いなさそうです。

しかし、既存商品のロゴをコピーして、木箱に印刷しただけの《ブリロ・ボックス》は、果たして「アートである」といえるのでしょうか?

そこらのスーパーに売られている商品とまったく同じ見た目をした**この作品のどこに「アートの要素」があるというのでしょうか?**

税関ではじかれ、カナダ行きを断念…

こうした疑問は決して的外れなものではありません。《ブリロ・ボックス》発表当時も、すべての人がこれを「アートである」と見なしたわけではなかったからです。

この作品をめぐっては、「これはアートだ!」という主張と、「こんなものアートではない!」という主張とに人々の意見が見事に分かれ、激しい議論が巻き起こりました。

たとえば、《ブリロ・ボックス》が発表された翌年、カナダの美術商がこの作品を自国のギャラリーに展示しようとしたときのこと。

アメリカからカナダへと作品を輸送しようとした際、カナダの税関からストップがかかりました。「これは本当にアート作品なのか?」というわけです。

「アート作品」と「一般的な商品」とでは関税額が異なっており、アート作品の税率は一般的な商品よりも優遇されています。税関は「関税を低く抑えるために、商品の箱をアート作品だと偽っているのではないか」と疑ったのでしょう。

ウォーホルの作品がアートであるかどうか、調査を依頼されたのはカナダ国立美術館でした。調査の結果、決定が下されます。それはなんと、**「《ブリロ・ボックス》はアート作品ではなく商品である」**というものでした。

カナダでの展示会を企画していた美術商は、この決定に納得せず、関税の支払いを拒否しました。その結果、残念ながら《ブリロ・ボックス》のカナダ行きは実現しなかったのです。

しかし……それからわずか2年後には、状況が一変しました。

カナダ国立美術館に新たに就任した館長は「《ブリロ・ボックス》はまさしくアートである」と考えました。それだけではなく、この美術館のコレクションとして、8つの《ブリロ・ボックス》の購入に踏み切ったのです。

現在に至るまで、この作品はカナダ国立美術館の大切な所蔵品となっていますから、いまでは、どうやら多くの人がこれを「アートである」と考えているようです。2010年には《ブリロ・ボックス》シリーズのうちの1箱が、なんと300万ドル以上で取引されたというニュースもあるくらいです。[39]

「なぜコピーを？」「簡単だったから」

《ブリロ・ボックス》がアート作品なのかをめぐっては、もちろんこれといった「正解」はありません。しかし、少なくとも私は、この作品もやはりウォーホルが「探究の根」を伸ばした末に咲かせた「表現の花」であると考えています。

それはいったいどういうことなのか、ウォーホル自身が残した言葉を拾いながら考えていきたいと思います。先ほど紹介したエピソードで、《ブリロ・ボックス》がカナダの税関から「これはアートでない」という判断を下された際、ウォーホルはメディアからコメントを求められました。今日でもそのときの映像が残されています。

ウォーホルはカナダ政府の当時の対応に憤激……したかというと、まったくそんなことはありませんでした。なんとも飄々《ひょうひょう》とした態度でこう答えています。

「ええ、そのとおりですよ。だって、これはオリジナルなものではありませんから……[40]」

さらに「なぜ（コピーではなく）なにか新しいものをつくらないのですか？」とインタビュアーが質問すると、なんとただひと言、「簡単だったからです」といってのけたのです。

このコメントには、報道陣もさぞ拍子抜けしたことでしょう。

これまで「アート思考の教室」で見てきた作品は、どれにも強い「独自性＝オリジナリティ」がありました。しかしウォーホルの作品は正反対で、まるで、あえて作品の個性が打ち消されているかのようです。

ためしに、「題材」と「制作方法」の2点から《ブリロ・ボックス》の「個性のなさ」を見てみましょう。

まずは**「題材」**。

ウォーホルは「ブリロ洗剤」以外にも、「キャンベルのスープ缶」「コカ・コーラ」「1ドル紙幣」「ハインツのトマトケチャップ」などを題材にした作品をつくっています。彼は、そのなかでも「キャンベルのスープ缶」が最もお気に入りで、「20年間、毎日昼食に同じものを食べていたんだ」[41]と語っています。彼が扱う題材は、**誰もがスーパーや自宅で毎日のよ**

うに見かけるありふれたものばかりで、珍しいものだとはとてもいえません。さらに、いずれも彼自身がデザインしたものではないので、彼の独創性が感じられないどころか、いわば完全な「パクリ」です。

続いては**「制作方法」**。

ウォーホルはここでも徹底的に独自性を排除しています。シルクスクリーン印刷を使った彼の作品には、手作業が生み出す味わいがありません。いくらでも複製できるので、「世界に1つだけしかない」という希少価値も見出せません。

ウォーホルはそうした事実を隠すどころか、悪びれもせずオープンにしています。自分の制作部屋を「ファクトリー(工場)」と名づけ、「僕は機械になりたい」[42]とまで発言しているのです。

彼は、**まるで工場で商品を大量生産する機械のように**、**アート作品をつくりました**。実際、《ブリロ・ボックス》をはじめとする、一般的な商品を模した木箱は400個以上もつくられています。[43]

ウォーホルはなぜ自身の作品から、かくも個性を打ち消したのでしょうか?

その背後にはどんな狙いがあったのか、知りたくなりますよね。しかし、《ブリロ・ボックス》のときにかぎらず、ウォーホルは自身の作品の意図を決して語ろうとはしませんでした。それどころか、こんな発言をしています。

「アンディー・ウォーホルについて知りたいのなら、ただ僕と僕の作品のウワベを見てください。それがすべてです。ウラにはなにもないのです[44]」

……ますますわからなくなってきました。

ウォーホルのこの言葉は、私たちがこれまで見てきた20世紀のアートの方向性に、真っ向から対立するように思われます。

カメラが普及して以来、アートという営みにおいては、「表現の花」よりも「探究の根」に軸足が移りました。ウワベの花だけをつくる「花職人」としてではなく、地下に「探究の根」を這わせることにこそ価値があると信じて、私たちはここまでの冒険を続けてきました。

しかし、ウォーホルは「作品のウラにはなにもない」と語っています。

彼が独自の探究を通じて《ブリロ・ボックス》を生み出したということと、「作品のウラにはなにもない」という発言とは、どのように両立するのでしょう?

アートという「神聖な城」は、どこにある?

ここで思い出していただきたいのが、クラス冒頭でやっていただいた「アートの仕分け」です(260ページ)。「ピエタ(彫刻)」「モナ・リザ(絵画)」「ノートルダム大聖堂(建築)」「カップヌードル(大衆商品)」の4つのものを、「アートであるもの」と「アートでないもの」とに選り分けていただきました。

このエクササイズで最も多くの人に共通していたのは、「カップヌードル」を「アート」の側に仕分けた人がほとんどいなかった点です。あなたはどうだったでしょうか?

このときに引いた境界線こそが、**みなさんのなかに潜在的にある「アートの枠組み」**です。この枠組みがあるからこそ、「これはアートだ」「あれはアートではない」といった判断が可能になっているわけですね。

こうした「アートの枠組み」は、「アート」という立派なお城を取り囲む「城壁」のようなものです。

アートの「城」に入ることを許されるのは、「ピエタ」＝「彫刻」、「モナ・リザ」＝「絵画」、「ノートルダム大聖堂」＝「建築」のような、生まれながらに高い身分が保証されたごく一部の「貴族」だけ。

「カップラーメン」＝「大衆商品」のような「市民」は、城壁の外にいるのがあたりまえだとされています。

20世紀のアートは、激変する「城」の歴史そのものです。なかでも、最も大きな変化は、マルセル・デュシャンの《泉》によって引き起こされた「視覚から思考へのシフト」（クラス4）でしょう。デュシャンは、この「城」を長らく縛ってきた「常識」を真っ向から否定し、城壁内のルールを一変させました。

しかし、お気づきでしょうか？　デュシャンの《泉》ですらも疑うことがなかった「あたりまえ」がそこにあったことに。それは「城」そのものの存在です。

小便器にサインをしただけの「超問題作」を世に放ったデュシャンでさえ、「アートという確固たる枠組み＝城壁」がそこにあることは前提として受け入れていました。アートの既存のあり方に疑問を投げかけた彼もまた、あくまで「城壁」の〝内部〟で革命を起こそうとしていたのです。

ウォーホルがつくった「食器用洗剤のデザインを真似たあの奇妙な箱」は、この「城壁」を壊す（あるいは、かき消す）ためのものでした。

この作品は、たしかに美術館やアートギャラリーに展示されています。つまり、アートの「城壁」の内部に存在しているわけです。

しかし、美術館を一歩出てみるとどうでしょうか？　街角のスーパーや家庭の台所にも、「外見的にはまったく同じもの」が存在しているのです。こんなにややこしい事態は、過去にはあり得ませんでした。

こうして**「アート」と「アートでないもの」との住み分けの秩序は、《ブリロ・ボックス》によって見事にかく乱されることになりました。**こうして目を覚ました人々は、次のような問いを抱きはじめます。

「『アート』と『非アート』を隔てる『城壁』など、じつは存在しないのでは……？」

もしも、アートという「城」そのものが存在しないのだとしたら、「モナ・リザ」と「カップヌードル」の違いはいったいどこにあるのでしょうか？

「城壁」がなくなってしまえば、貴族も一般市民も見分けがつかなくなるのと同様、これまで「彫刻だから……」「絵画だから……」「建築だから……」という身分によって無条件に「アート作品」とされてきたものたちが、「そうでないもの」とまったく同じ土俵に立つことになるのです。

ウォーホルが「作品のウワベだけを見てください。ウラにはなにもないのです」と語ったとき、彼は《ブリロ・ボックス》を「**アートという城壁**」に囲われたものとしてではなく、「ただの食器洗剤」と同じ視線で眺めさせたかったのではないでしょうか。

そうすることで、**彼は「『これがアートだ』などといえる『確固たる枠組み』は、じつはどこにも存在しないのではないか？」という問いを投げかけていた**のだと私は考えています。

「目に映るとおりに描くこと」「遠近法的なものの見方」「具象物を描くこと」「アート＝視覚芸術」「イメージを映し出すためのもの」……20世紀のアーティストたちは、過去のアートがとらわれてきたさまざまな常識を乗り越えようとしてきました。

そして、ついにウォーホルの《ブリロ・ボックス》に至っては、そうした格闘が行われてきた「アートという枠組みそれ自体」にもヒビが入ることになったのです。

《ブリロ・ボックス》という「表現の花」が、私たちが盲目的に信じていた物事に別の角度から光を当て、「新たなものの見方」を示したことは間違いありません。

このことからウォーホルもまた、「アート思考」を実践した真のアーティストだったといえるのです。

もう1つの視点

「城壁」が消えた時代の美術館

ウォーホルの《ブリロ・ボックス》は、それまで堅固なものに思われていた「アート／非アート」の垣根を壊してしまいました。

かくしてウォーホルの作品は「だとすると……そもそも、アートとはなんなのか?」という新たな問題を、人々に投げかけることになります。

「やれやれ、とんでもない問題を持ち上げてくれたものだ……」という気もしますね。

彼のインパクトは「美術館の展示物」にも及びました。

「こういったものがアートだ」ということを定義していた「城壁」が取り払われたいま、もはや美術館は「絵画」「彫刻」……といった「貴族たち」だけの場所ではなくなり、多種多様な「市民たち」が堂々と展示される場所になりはじめたのです。

ここでは、20世紀以降のアート作品では世界最大級のコレクションを誇り、世界的にも大きな影響力を持つ「ニューヨーク近代美術館（通称MoMA《モマ》：The Museum of Modern Art, New York）」に所蔵されることになった「ある作品」を見ながら、「アートってなんだ？」という問いについて別の角度から考えてみたいと思います。

では、さっそくその作品を見ていきましょう！

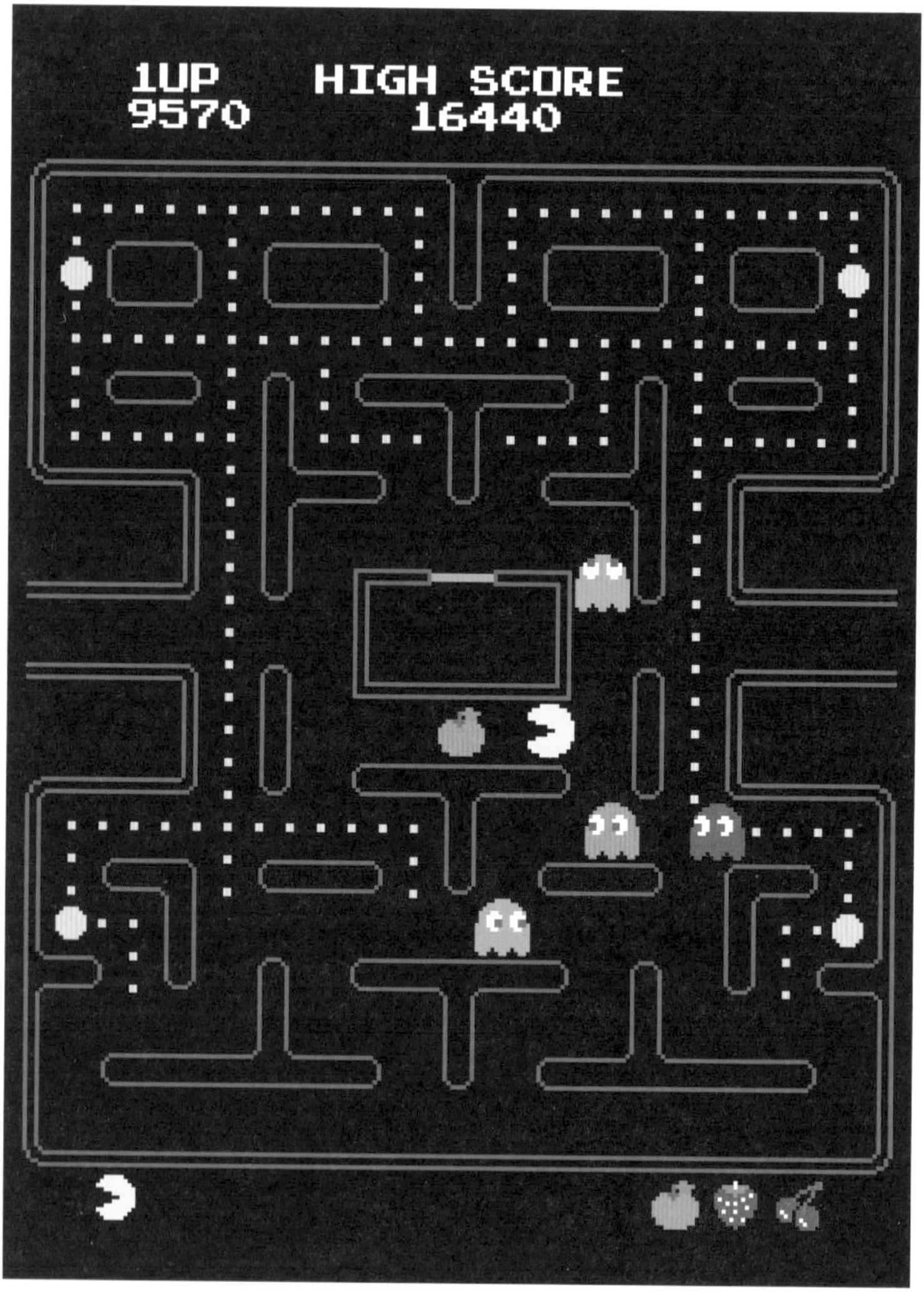
1UP
9570
HIGH SCORE
16440

「城」がないなら「貴族」かどうかは関係ない

少しびっくりされたかもしれませんが、これはご存知の方も多いでしょう。

そう、《パックマン》です。

《パックマン》は、１９８０年に現バンダイナムコエンターテインメントから発売されたアーケードゲームです。プレーヤーは、迷路のなかでパックマンを操作し、「ゴースト」をかわしながら「クッキー」を食べ尽くしていきます。

日本はもとより、アメリカでも一大ブームを巻き起こし、発売から7年間も増産されるなど、最も成功した業務用ゲーム機の1つとして知られています。

MoMAにはこのゲームが「所蔵」されています。といってもそれは、いま見ていただいたようなゲームの一場面の「絵」が保管されているということではありません。美術館はこのゲーム全体、つまり「コード」を所蔵しており、ある展示では、このゲームが実際にプレイできる状態で展示されていました。[45]

ＭｏＭＡがニューヨークに設立されたのは１９２９年。「アート思考の教室」のなかでは「クラス４」から「クラス５」にかけての時期です。

中心となったのは、野心溢れる３人の女性たちです。彼女たちは１つの問題意識を共有していました。すなわち、「過去のアート作品にばかり注目が集まり、『いま』のアートに注目する人がわずかしかいない。自分たちの時代を象徴する美術館が必要だ」――。

こうして、「世界中の人々の、『いまのアート』へのより深い理解と享受を促進する」[46]という理念の下、新しい美術館が誕生しました。ＭｏＭＡには19世紀半ばから今日に至るまでの多様な作品がコレクションされており、現在、作品点数はアメリカ国内最多の20万点以上。ここまでのクラスで見てきた作品のいくつかも、ここに収蔵されています。

そんなＭｏＭＡは、なぜ《パックマン》をコレクションに加えようと考えたのでしょう？いくらすばらしい理念に基づいた美術館だとしても、「ゲームを展示する」なんて、ちょっと違和感を覚える人もいるのではないでしょうか。

実際、ＭｏＭＡのこの試みに対しては非難が殺到し、イギリスの大手新聞「ガーディアン」紙や、アメリカの大手雑誌「ザ・ニュー・パブリック」はこう書き立てました。

「MoMAはビデオゲームが神聖なる場所に入ることを許し、ゴッホ、ポロックといったアーティストのそばに展示するようだ[47]」

「悪いがゲームはアートではない。パックマンとテトリスをピカソやゴッホと同等に展示することは、芸術の真の理解がゲームオーバーになるということだ[48]」

「ビデオゲームはアートではない。これらは完全に別物……そう、コードだ[49]」

痛烈な批判です。こうなってくると、MoMA側の考えがいよいよ気になりますよね。

しかし、この美術館で25年以上学芸員を務め、このゲームの所蔵にも携わった**パオラ・アントネッリ**は、「率直なところ、私はビデオゲームや椅子がアートかどうかという議論には全く興味がありません」と切り返しました。さらに彼女は続けます。

「デザインというものは、人間の創造的表現の中で最高の形式の一つだと考えています。偉大なデザインを有するものならそれで十分すぎるほどなのです[50]」

いかがでしょう？　鋭い反論を期待していた人にとっては、なんだか論点をずらされたような回答かもしれません。

しかし私が思うに、やはり彼女の言葉は、《ブリロ・ボックス》が投げかけたあの問いに見事につながっているのです。

どういうことかご説明しましょう。

「ゲームはアートか？」「デザインはアートか？」といった議論は、アートの「城壁」、つまり「アートという明確な枠組み」が存在するということを前提としています。その「枠組み」にゲームやデザインが入ることを許可するかどうかを問題にしているからです。

実際、さきほどの1つめの批判として挙げた「ガーディアン」紙の記事は、アートが「神聖な場所」として存在していると固く信じて疑っていないようです。ゴッホやポロック、ピカソの作品は、この「城＝美術館」に立ち入ることが許されるが、ゲームのような「市民」は城壁の外にいるべきだというわけですね。

しかし、すでに見たとおり、《ブリロ・ボックス》は「アートという枠組み」自体を打ち消してしまうインパクトを持っていました。「これはアートだ／これはアートではない」というはっきりとした基準などないのではないか？——ウォーホルはそんな問いを人々に投げかけたわけです。

それを踏まえると、MoMAのキュレーターがいい放った「アートかどうかという議論には全く興味がない」という言葉は、もう少し別の見え方をしてきます。

つまり彼女は、**「『これこそがアートだ！』といえるような明確な枠組みがなくなったいま、なにを『アートという城』に含めるかは、もはや話し合うべきポイントではない」**といいたかったのではないでしょうか。

「城壁」が消えたいま、美術館にできること

ただ、**ここで注意していただきたいのが、「アートという枠組みがなくなった」ということと、「もはやアートがなくなってしまった……」ということは、イコールではない**ということです。

たとえ「枠組みとしてのアート」が消えたとしても、「ピエタ」「モナ・リザ」「ノートルダム大聖堂」「泉」、そして「カップラーメン」「パックマン」といったそれぞれの「もの」は、変わることなく存在しているからです。

「城壁」を取り払ったあとに広がる「平野」には、ありとあらゆるもの——高い評価を受けている作品から日々の生活で目にする代物まで——が存在しています。

MoMAはその「平野」に転がっている1つひとつのものを「自分たちのものの見方」で見つめ直しました。そして、「これらのうち、ひときわ輝いているもの、すばらしいものは、いったいどれだろう?」と自分たち自身に問うたのです。

こうして拾い上げられた作品の1つが《パックマン》でした。

MoMAは「ビデオゲームは、すぐれたインタラクションデザインの一形態だ」と考えました。ゲームはプレーヤーとのあいだに相互作用(インタラクション)を起こします。つまり、ゲームの内容はプレーヤーの動作によって展開し、その展開に呼応してプレーヤーは次の動作を起こします。プレーヤーはゲームの世界に没入しながら、このような「やりとり」を体験することができます。

そして、数あるビデオゲームのなかでも、プレーヤーの動きをいかにうまくデザインできているか、どれくらい革新的であるかなど、さまざまな要素を考えた結果、《パックマン》が選び出されたのです。

もし、《パックマン》がすぐれたインタラクションデザインであるにもかかわらず、「デザインである」または「コードである」という理由だけで選ばれないのだとしたら、《モナ・リザ》は「油絵具で描かれた絵画だから選定の土俵に上がれる」ということになってしまいます。

MoMAのコレクションには、ゲームのほかにも、映像であったり、音響であったり、ウェブサイトであったり、パフォーマンスの記録であったりと、あらゆる表現方法によるものが含まれています。[51]

MoMAは「アートという枠組み」がなくなったあとの平野に立ち、「自分たちのものの見方」によって「本当にすぐれたもの」を選び出そうとしているのです。

クラス６は以上になります。

エクササイズ「アートの仕分け」からはじまり、ウォーホルの《ブリロ・ボックス》をめぐる考察を経て、最後にはＭｏＭＡに《パックマン》が所蔵された理由を考えてきました。

「アートってなんだ？」という問いをめぐる壮大な冒険はいかがだったでしょうか？

みなさんの「ものの見方」にも大きな変化がありましたか？　授業を振り返り、あなたの「探究の根」を伸ばしましょう！

BEFORE THE CLASS

はじめのエクササイズで「アートの仕分け」をしたとき、あなたはアートとはどのようなものであると思っていましたか？

「『ピエタ』『モナ・リザ』『ノートルダム大聖堂』をアート、『カップヌードル』をアートでないと仕分けしていた。無意識のうちに、『絵』や『彫刻』がアートっぽいものだと考えていたのだと思う」

AFTER THE CLASS

授業を終えて、いまのあなたは「アートってなんだ？」という問いについて、どう考えますか？

「ウォーホルの《ブリロ・ボックス》を知ってから、アートとアートでないとされているものには、見た目の違いはまったくないと考えた。だとすれば、アートかどうかは、見た目ではなく、内容によって決まるものだと思う」

「アートとは作品形態のことではないと気がついた。今後の美術で求められるのは『その人らしい発想』だ。アートによって自分の考えやアイデアを共有することができる。僕が思う『アートではないもの』は『自分なりの視点』が込められていないものだ」

「授業を終えたいまでも、『カップヌードル』をアートに入れるかといわれたら、やっぱり入れないと思います。でも、その理由が変わりました。最初は『商品だから』とか『200円ぐらいで安いから』という理由だけでアートでないと考えていました。いまは、もし『カップヌードル』をアートに選ぶべき自分なりの理由が見つかれば、選んでもいいかなと考えています」

BEYOND THE CLASS

授業を通り越して、このクラスの問いについてなにか考えたことはありますか？

「ふだんの生活のなかで自分がアートに触れることなんてないと思っていました。でも、好きな服や文房具を選ぶとき、自分なりに『いいな』と感じたものを選んでいます。これも、あらゆるものから『なにがすぐれているのか』を自分なりの基準で判断している行為ではないかと気がつきました」

「表現することに、方法がなんであるかは関係ない。アートとは新たな価値観・気づき・発見を生み出すことだ。そう考えると、『ツイッター』で自分なりの考えを発信している人や、自分の信念を『ビジネス』のかたちで人々に広げている人もまた、アーティストといえるのではないかと思う」

EPILOGUE

「愛すること」がある人のアート思考

「ただアーティストがいるだけ」

かつて、西洋美術が花開いたルネサンス期の画家たちには「目に映るとおりに世界を写しとる」という明確なゴールがありました。それ以来、彼らはおよそ500年あまりにわたって、3次元の世界を2次元のキャンバスに描き出す技術を発展させてきたのです。

しかし、19世紀に発明された「カメラ」が20世紀に普及していったことによって、彼らを取り巻く状況は一変しました。**絵画による「目に見える世界の模倣」は、写真撮影という技術革新によって容易に代替されてしまった**からです。

しかし、これによってアートが死に絶えることはありませんでした。

それどころか、20世紀以降のアーティストたちは「写真にできないこと、アートにしかできないことはなんだろうか？」という問いを立て、自分たちの好奇心の赴くままに、これまでになかった探究をはじめたのです。

ここまでの6つのクラスで紹介したのは、彼らの巨大な「探究の根」のごく一部でしかありません。しかし、そのなかでも「最も核心に迫っている本質」だけを慎重に選び取ったつもりです。ここでもう一度、各クラスで取り扱った問いと作品を振り返っておきましょう。

- □ クラス1 「すばらしい作品」ってどんなもの？／アンリ・マティス《緑のすじのあるマティス夫人の肖像》
- □ クラス2 「リアルさ」ってなんだ？／パブロ・ピカソ《アビニヨンの娘たち》
- □ クラス3 アート作品の「見方」とは？／ワシリー・カンディンスキー《コンポジションⅦ》
- □ クラス4 アートの「常識」ってどんなもの？／マルセル・デュシャン《泉》
- □ クラス5 私たちの目には「なに」が見えている？／ジャクソン・ポロック《ナンバー1A》
- □ クラス6 アートってなんだ？／アンディー・ウォーホル《ブリロ・ボックス》

このような問いについて探究した20世紀のアーティストたちは、「目に見える世界の模倣」に縛られていた時代には考えもつかなかった「新しいものの見方」を、次々と生み出してきました。

そして、21世紀を目前に、アーティストたちの冒険は、ついに「アートという枠組み」そのものを消し去るところまでに至ります。

「これがアートだというようなものは、ほんとうは存在しない」——歴史家・美術史家のエルンスト・ゴンブリッチは、古代から20世紀までの美術の歴史を書き綴った大著『美術の歩み（The Story of Art）』をこのように書き起こしました。

しかし、彼は続けます。

「ただアーティストたちがいるだけだ[52]」

どうやら、話がぐるりと一周してスタート地点に戻ってきたようです。

正解を導くだけの人、問いそのものを生む人

「アートという植物」の話を覚えていますか？

7色に光る「興味のタネ」から、巨大な「探究の根」を地中に張り巡らせ、さまざまな色・形・大きさを持った「表現の花」を地上に咲かせている、あの不思議な植物です。

「興味のタネ」は、自分のなかに眠る興味・好奇心・疑問。
「探究の根」は、自分の興味に従った探究の過程。
「表現の花」は、そこから生まれた自分なりの答え。

「アーティスト」としばしば混同されるのは「花職人」と呼ばれる人たちでした。「花職人」は、「興味のタネ」から「探究の根」を伸ばす過程をないがしろにして、「タネ」や「根」のない「花」だけをつくる人です。

彼らはたしかに日々忙しく、真面目に手を動かしていますから、ややもすると懸命に

「探究の根」を伸ばしているようにも見えます。

しかし、彼らが夢中になってつくっているのは、他人から頼まれた「花」でしかありません。自分たちでも気づかないまま、他人から与えられたゴールに向かって**課題解決**をしている人――それが「花職人」なのです。

他方、「真のアーティスト」とは「自分の好奇心」や「内発的な関心」からスタートして**価値創出**をしている人です。

好奇心の赴くままに「探究の根」を伸ばすことに熱中しているので、アーティストには明確なゴールは見えていません。ただし、それらの「根」はあるとき地中深くで1つにつながっていくという特徴があります。

「アートという植物」は、地上で輝く「表現の花」を咲かせているものもありますが、地上には姿を見せずに地下の世界で「根」を伸ばすことを楽しんでいるものがほとんどです。

植物全体として見たとき「花」が咲いているかどうかは大した問題ではありませんし、ましてや「花」が美しいか、精巧であるか、斬新であるかといったことは関係がありません。

その意味で、「アートなんてものは存在しない。ただアーティストがいるだけ」なのです。

「私は絵を描いたりものをつくったりするのが下手だから、アーティストではない」
「私は奇抜なアイデアを出せないから、アーティストではない」
「私はクリエイティブな仕事に就いていないから、アーティストではない」

こうした考えはすべて、アートの本質が「探究の根」と「興味のタネ」にあることを見落としています。

私は、**ここでいうアーティストは、「絵を描いている人」や「ものをつくっている人」であるとはかぎらない**と考えています。「斬新なことをする人」だともかぎりません。

なぜなら、「アートという枠組み」が消え失せたいま、アーティストが生み出す「表現の花」は、いかなる種類のものであってもかまわないからです。

「自分の興味・好奇心・疑問」を皮切りに、「自分のものの見方」で世界を見つめ、好奇心に従って探究を進めることで「自分なりの答え」を生み出すことができれば、誰でもアーティストであるといえるのです。

極論すれば、なにも具体的な表現活動を行っていなくても、あなたはアーティストとして生きることができます。

自分の「根」を伸ばす真の意味でのアーティストとして生きるか、それとも、他人の「花」をつくり続ける花職人として生きるか——それを決めるのは、「才能」でも「仕事」でも「環境」でもなく、あなた自身なのです。

「愛すること」がある人は、何度も立ち直れる

アップルの共同設立者の1人であるスティーブ・ジョブズが、亡くなる6年前にスタンフォード大学で行ったスピーチの一部をご紹介しましょう。

「仕事は人生の大部分を占めます。だから、心から満たされるためのたった1つの方法は、自分がすばらしいと信じる仕事をすることです。そして、すばらしい仕事をするためのたった1つの方法は、自分がしていることを愛することで

す。もし、愛せるものがまだ見つかっていないなら、探し続けてください。立ち止まらずに[53]」

とても素敵なスピーチですが、多くの人はおそらくこう感じるのではないでしょうか。

「ジョブズのような異才だから『自分の愛すること』を仕事にできただけ」
「ふつうの能力しかない人は、花職人として生きていくしかないのでは？」

たしかに、ジョブズは偉大なイノベーターです。しかし、ジョブズはこのメッセージを、彼の大きな挫折のエピソードとともに話しているのです。

ジョブズが友人のウォズとともに、自宅のガレージでアップルを創業したのは、20歳のときのことでした。それからわずか10年後には、アップルは時価総額20億ドル、従業員４０００人以上の大企業へと夢の成長を遂げます。

しかし、マッキントッシュを発表し30歳を迎えたある日、悪夢が起こりました。新たに就任したＣＥＯとの方針の違いから、彼はアップルをクビになってしまうのです。

「私の人生のすべてを捧げてきたものが消え失せました。それはひどいものだった」

アップルからの追放は大きなニュースとなり、負け犬の烙印《らくいん》を押されたジョブズは、シリコンバレーから逃げ去ることも考えます。

しかし、どん底の数カ月が過ぎたころ、彼の心のなかに小さな光が差します。

「私は自分がしてきたことをまだ愛していました。アップルでの一連の出来事は、この事実を変えることはできませんでした。拒絶されても、まだ愛していました。だからやり直すことを決めたのです」

やり直しを決めたジョブズは、NeXT 続いて Pixar を設立します。そして数年後、アップルがNeXTの買収を決めた結果、彼はアップルに返り咲くことができたのです。

その後のアップルが iMac, iPod, iPhone, iPad といったすばらしい製品を次々と生み出していったことは、多くの人がご存知のとおりです。

もしも、ジョブズがアップルで成し遂げてきたことの根底に「**自分の愛すること**」がなかったら、このような大きな喪失から立ち直り、再び新たな「表現の花」を咲かせることはできなかったでしょう。

これは、波乱万丈なジョブズの人生にしか通用しない話ではありません。VUCAといわれる世界で、100年以上の寿命を生きることになるかもしれない私たちは誰でも、いつかどこかで予想もしなかった変化に見舞われたり、まったく見通しのきかない獣道《けものみち》を歩んだりすることになるはずです。

そんなときでも、**「自分の愛すること」を軸にしていれば、目の前の荒波に飲み込まれず、何回でも立ち直り、「表現の花」を咲かせることができるはずです。**

心から満たされるためのたった1つの方法は「自分が愛すること」を見つけ出し、それを追い求め続けること――ジョブズの人生は、まさに、「真のアーティスト」が「興味のタネ」から「探究の根」を伸ばす過程に重なります。

そのためには、「常識」や「正解」にとらわれず、「自分の内側にある興味」をもとに、「自分のものの見方」で世界をとらえ、「自分なりの探究」をし続けることが欠かせません。

そしてこれこそが「**アート思考**」なのです。

最後に、みなさんで「アート思考の教室」全体を振り返りましょう。

BEFORE THE CLASS

授業を受ける前、あなたの美術・アートに対するイメージはどのようなものでしたか？

「絵を描く授業」

「ものづくりの時間」

「彫刻、版画、レタリングとか」

「将来には役に立たないもの」

AFTER THE CLASS

授業を終えて、いまのあなたはアートに対してどのようなことを考えますか？

「この授業を受けていなかったら、アートの面白さを知ることはなかったと思います。これまで『アートとはなにか?』について、こんなに深く考える機会はありませんでした。いま、『アートって楽しい!』と感じている自分に驚いています。自分のなかに、物事を考えるときの『新たな引き出し』が生まれたような気がします」(中3)

「授業を受けたら、アートというものがわからなくなってしまった。ただ、もっと考えてみたいと思いはじめた」(高1)

「私がいままで受けてきた『美術』は、自分が制作者となって『つくる』ことに特化されていたと思う。だから、この授業はとても新鮮だった。これまでは考えたこともない話ばかりだったけど、アートについて考えることは、私が想像している何倍も深く楽しかった」(高2)

「授業を受ける前、僕はアートにほとんど興味を持っていませんでした。だけどそれは、アートについてほんの少しのことしか知らず、かぎられた視点しか持っていなかったからだと思います。授業のなかで、いろいろな角度からアートを考えたり、ほかの人とアート作品について話したりしたのがとても面白かったです」（中1）

「アート作品を生み出すためには、スキルを上達させるのと同じくらい（あるいは、それ以上に）、考え方を育むことも必要なんだと思った。ものづくりの技術を学ぶだけの授業と違って、アートの根本的なことを考えられた貴重な時間でした」（中2）

「『次はどんな考え方が登場するのだろう？』と毎回ワクワクしていました。これまでは『美しさ』とか『うまさ』で絵の良し悪しを判断するだけだったけど、いまは作品を見た瞬間に『なにを伝えたいのだろう？』『どんな感覚が受け取れるだろう？』『どんな方法で描いたのだろう？』など、いろいろな疑問が湧いてくるようになりました。日常のなかでも『なぜ？』『どうして？』と疑問や興味を持つことが増えて、自分の根本的な考え方が変わったと感じています」（中3）

おわりに

最後まで読んでいただき、ありがとうございました。

20世紀の6つのアート作品を題材にした「アート思考」をめぐる冒険を楽しんでいただけたでしょうか？

繰り返しになりますが、この授業は、美術史の知識を獲得するためのものではありません。ですから正直にいって、ここまでの授業に出てきたアーティストの名前も、作品の名前も、私からの解説も、すっかり忘れてしまってもかまいません。

では、読者のみなさんになにを残したかったのかといえば、それはアート思考の「体験」です。

本書の授業を通して、「自分のものの見方」「自分なりの答え」を生み出すというのはどういうことなのか、その片鱗《へんりん》を体験していただけたのだとしたら、著者としてこれ以上の喜びはありません。

ある調査によると、日本人の多くが美術館に「心のやすらぎ」を求めているのとは対照的に、ロンドンやニューヨークの人々は、美術館に訪れるときに「非日常的な刺激」を求めているそうです。[54]

「アート思考の教室」で扱ってきた、アーティストたちのめくるめく探究の過程は、私たちにとってはまさに「非日常的な刺激」です。

「花職人」がひしめく日常生活のなかで「自分なりのものの見方・考え方」がぼやけてきてしまっている人にとって、アートはとてもすぐれた刺激剤になります。アートが投げかけてくる問いには、何とおりもの答えが可能ですから、「自分なりの考え方」を取り戻したい人にはうってつけなのです。

授業はここでおしまいですが、この「教室」を一歩出て、街中や美術館でアート作品に出合ったら、ぜひ「自分の答え」を取り戻すアート思考を実践してみてください。そのための入り口として、巻末には「［実践編］アート思考の課外授業！」を用意しました。

最後に、私がいつも授業の終わりに紹介している言葉をご紹介したいと思います。じつはこれも、エピローグで扱ったスティーブ・ジョブズのスピーチに登場する言葉です。

「Connecting the dots.（点と点がつながっていく）」

世界中の人たちの生活を変えてしまうような大きな仕事を成し遂げたジョブズですが、そこまでの道のりは決して一直線ではありませんでした。

彼はスピーチのなかで、養子として育てられた自身の生い立ち、目指す目標もないまま大学を半年で中退したことにも触れています。大学を辞めたジョブズは、友人の家を転々としながらしばらく学内に居座り、興味の赴くまま、もともとの専攻とはまるで異なる分野の講義を無断で聴講したりします。

明確な将来像も持たないまま、その時々で興味が湧いたことに時間を費やしている姿は、周りから見れば、ひどく行き当たりばったりなものに映ったことでしょう。

しかし彼の行動は、他人から与えられるゴールではなく、「自分の興味・好奇心」に向けられていたという点では、ひたすら一貫していました。

そして、自分自身でさえ一見なんの脈絡もないように思えた彼の行動＝「点（dots）」は、ずっとあとになって振り返ってみると、不思議とつながっていたそうです。

彼がもぐり込んでいた講義の1つの「カリグラフィー（西洋や中東などにおける、文字を美しく見せるための手法）」がその典型例です。将来には結びつきそうもない授業でしたが、文字の美しさに魅せられたジョブズは、カリグラフィーに夢中になったといいます。

10年後、彼が生み出すこととなったマッキントッシュは、美しいフォントに特徴づけられたものでした。

私自身、今日までの道のりは、かつて思い描いていたものとはまるで違っていました。その時々で懸命に計画を練ってつくり上げようとしたレールは、予期せぬ出来事によってことごとく壊れていきました。

しかし、振り返ってみると、これまでやってきたこと、出会った人は、すべてつながっていることに気がつかされます。

たとえいまの状態が周りの人から褒められるようなものでなくても、一向に成果が出なくても、目標さえも見つからなくても、ちゃんと「自分の興味」に向き合っていれば、必ず「点」と「点」はつながります。

四方八方に散らばった「探究の根」が地中深くで1つにつながっていく「アートという植物」の姿のように——。

私にとってこの本『「自分だけの答え」が見つかる13歳からのアート思考』は、これまで脈絡もなく伸ばしてきた根がつながって、あるとき地上に咲いた「表現の花」です。

この花は小さな一輪かもしれませんが、私自身が自分なりに考えてきたことが詰まっています。その意味で、私にとってはなによりも光り輝いて見えます。

「表現の花」は、時としてタンポポのように「綿毛」となり、はるか彼方まで旅をします。そして、多くの人々のなかに、「新たなものの見方」や「問い」といった「タネ」を植えつけます。「アート思考の綿毛」が、よりさまざまな形で広がっていくことを願っています。

本書を読んで「興味のタネ」がくすぐられ、興味・好奇心・疑問が湧いたという方、ぜひご意見・ご感想をお聞かせください。また、「アート思考」の出張授業・研修・講演のご依頼も受け付けております。

▼ご連絡先　yukiho@artthinking.info

「アート思考」を体験した読者のみなさんが、1人の「アーティスト」としてあなたの生きている世界で「探究の根」を伸ばし、みなさんの「アートという植物」が大きく育っていくことを願っています。

それができれば、他人の評価に左右されずにあなたらしく、「人生100年」といわれるこの時代を楽しむことができるはずです！

おわりに、いつも無計画で手探りの教育で、しかしいつも私の好奇心を最優先してくれた家族に感謝の気持ちを伝えたいと思います。家族が私に与えてくれたのが最高の教育だったとよく思い返しています。

夫の要にも感謝しています。思い返せば、学校での授業をつくることしか考えていなかった私に、「この授業は大人でも楽しめる」と執筆を勧めてくれたのは彼でした。いつも無条件に私を支え、励ましてくれてありがとう。

また、本書のメッセージに共感し、素敵な推薦コメントをお寄せくださった教育改革実践家の藤原和博さん、独立研究者・著作家・パブリックスピーカーの山口周さん、立教大学経営学部教授の中原淳さんには、心より御礼を申し上げます。

さらに、書き上げたプロトタイプを読んで真っ先に「面白い！」といって、ダイヤモンド社を紹介してくださり、巻末に解説文をお寄せいただいた株式会社ＢＩＯＴＯＰＥ代表の佐宗邦威さんには頭が上がりません。

最後に、一教員であった私を信じ、この本をともに考え、つくり上げてくださったダイヤモンド社の藤田悠さんに、心から感謝申し上げます。

２０２０年１月

末永幸歩

注

PROLOGUE

01　大原美術館　教育普及活動この10年の歩み編集委員会編『かえるがいる 大原美術館教育普及活動この10年の歩み１９９３－２００２』大原美術館、２００３年

02　学研教育総合研究所「中学生白書Ｗｅｂ版　２０１７年８月調査　中学生の日常生活・学習に関する調査」および「小学生白書Ｗｅｂ版　２０１７年８月調査　小学生の日常生活・学習に関する調査」のデータをもとに著者作成

ORIENTATION

03　国立西洋美術館で１９７４年４月20日～６月10日に開催された「モナ・リザ展」。出品点数絵画２点に、１５０万５２３９人の入場者が押し寄せた。

04　片桐頼継『レオナルド・ダ・ヴィンチという神話』角川選書、２００３年、11ページ

05　「ＶＵＣＡワールド」とは、もともとは米国陸軍が軍事情勢を表現するために用いた造語。２０１６年のダボス会議（世界経済フォーラム）で使われて以来、現在の私たちを取り囲む予測不能な世界の状況を表す言葉として定着した。

06　厚生労働省「人生１００年時代構想会議　中間報告」（人生１００年時代構想会議資料）２０１７年、１ページ [http://www.kantei.go.jp/jp/singi/jinsei100nen/pdf/chukanhoukoku.pdf]

CLASS 1

07　参考：Klein, J. (2001). *Matisse Portraits.* Yale University Press, p. 81.

08　「ルネサンス」はフランス語で「再生」「復活」を意味し、14世紀にイタリアではじまり、西洋各地に広がっ

た文化運動。古典古代（古代ギリシャ・ローマ時代）にあった「人間至上主義」の文化を復興しようとした。14世紀を初期、15〜16世紀を盛期、17世紀を後期と区分する。

09　ルネサンス以前には「芸術家」という概念は存在せず、画家は肉体労働をする職人として扱われていた。15世紀に入ると、ダ・ヴィンチをはじめとする画家たちの活躍によって、徐々に知識階級の仕事として認識されていく。現代のような「芸術家」の概念が定着するのは、19世紀に入ってからのこと。

10　次の調査では、フランス・イタリア・ドイツ・イギリス・オランダ各国の識字率は、16世紀半ばまではいずれも20％以下だったと推定されている。Roser, M. & Ortiz-Ospina, E. (2018). Literacy. Our World in Data. 2018-9-20. [https://ourworldindata.org/literacy]

11　「19世紀の印象派の絵は『目に映るとおりに描いた』とはいえないのでは？」と感じる人がいるかもしれない。たしかに、印象派の絵には、「目に映る世界の模倣」を目指したとは到底思えないような独特の色彩や筆跡が見られる。しかし、印象派の主張は、「目に映る色彩は、大気と光によってつねに移り変わる」というものだった。それを証明するために、彼らは野外で朝昼晩と制作し、当時最新の色彩理論も取り入れながら、目に映る一瞬の光の現象をとらえようとした。このことから、印象派は、従来とは方法こそ異なるが、やはり「目に映るとおりに描くこと」を試みていたといえる。

12　高階秀爾総合監修『印象派とその時代——モネからセザンヌへ』読売新聞東京本社、2002年、81ページ

13　1905年にマティスとその仲間がパリでの展覧会（Salon d'Automne）に展示した作品は、人々に衝撃を与えた。現実とは明らかに異なる激しい色使いや筆致から、美術批評家のルイ・ヴォークセル（1870〜1943）は、マティスらを「野獣たち（fauves）」と批判した。皮肉にもこの言葉が定着し、マティスらのムーブメントは「野獣派（フォーヴィズム）」と呼ばれるようになった。Elderfield, J. (1978). *Matisse in the Collection of the Museum of Modern Art* (exhibitior catalogue). The Museum of Modern Art, New York. p. 69.

14　ピーター・ベルウッド『ポリネシア』池野茂訳、大明堂、1985年、41ページ

15 ネルソン・グッドマン『芸術の言語』戸澤義夫・松永伸司訳、慶應義塾大学出版会、２０１７年、36ページ

CLASS 2

16 ピカソは１万３５００点の絵画やデザイン、10万点の版画やプリント、３万４０００点の挿絵、３００点の彫刻や陶芸品を制作したとされる。ギネス世界記録は２０２０年１月現在のもの。
Guinness World Records. Most prolific painter. [https://www.guinnessworldrecords.com/world-records/most-prolific-painter].

17 ロシアのアート・コレクター、セルゲイ・シチューキンの言葉。五十殿利治・前田富士男・太田泰人・諸川春樹・木村重信『名画への旅23 20世紀Ⅱ モダン・アートの冒険』講談社、１９９４年、16ページ

18 前者はピカソを見出した画商カーンワイラー、後者はピカソの友人の言葉（原文は「４等分したブリチーズ［クリームチーズの一種。通常円形をしている］のような鼻un nez en quart de Brie」）。クラウス・ヘルディンク『ピカソ〈アヴィニョンの娘たち〉――アヴァンギャルドの挑発』井面信行訳、三元社、２００８年、７・12ページ

19 「遠近法」は、広義には絵画や作図などにおいて、遠近感を持った表現を行うためのさまざまな手法を指す（線遠近法・空気遠近法・色彩遠近法など）。本書では「線遠近法（透視図法）」を指すものとして「遠近法」という言葉を使っている。
線遠近法は、15世紀初頭に、イタリアの建築家フィリッポ・ブルネレスキ（１３７７〜１４４６）によって初めて理論化された。その後、１４３５年に、レオン・バッティスタ・アルベルティ（１４０４〜１４７２）が、この理論を著書『絵画論（*Della pittura*）』で紹介し、一般に広めた。

20 日本人画家・随筆家の牧野義雄（１８７０〜１９５６）の回顧録によれば、彼の中学校の図学教材に線遠近法で立体的に描かれた四角形の箱の図版があった。それを見た彼の父は「何だこれは。この箱は四角どこ

ろか、ひどくひんまがって見えるよ」と語った。しかし、その9年後、同じ図を見た父は「妙なことがあればあるものだ。覚えているだろうが、俺は以前はこの四角の箱の図がゆがんで見えると思っていたものだが、今見るとまったく正しいものに思えるのだよ」と語ったという。

日本の絵画ではもともと線遠近法は採用されておらず、西洋絵画が本格的に日本に入ってきたのは明治時代のことである。牧野の父が生きた時代がまさに絵画の転換期であったことを考えると、彼の「ものの見え方」そのものが変化したとしてもおかしくない。（参考：E・H・ゴンブリッチ『芸術と幻影』瀬戸慶久訳、岩崎美術社、1979年、364ページ）

21 ゴンブリッチ、前掲書、125ページ

22 Penrose, R. (1971). *Picasso: His Life and Work*. Pelican Biographies, London, p.434.

23 第8代の王メンフィスのケンミスのものとされる、ギザの三大ピラミッドのなかでも最大のピラミッドについての記述。
ジャン＝ピエール・コルテジアーニ『ギザの大ピラミッド——5000年の謎を解く〈「知の再発見」双書141〉』山田美明訳、創元社、2008年、104ページ

24 Gombrich, E. H. (1995). *The Story of Art*, 16th ed. Phaidon, London, p.58.

CLASS 3

25 《積みわら》は、印象派を代表する画家クロード・モネが、牧草地に積み上げられた麦藁《むぎわら》の山を描いた一連の絵画の総称である。同じ主題を、さまざまな天候や時間によって変化する光のもとで描き分けた。カンディンスキーがモスクワでの展覧会で見たとされるのは、この連作のうちいずれか1点である。

26 『イン・マイ・ライフ』は、ジョン・レノンとポール・マッカートニーとの共作として、「Lennon-McCartney」の名義で発表されているものの、近年ではジョン・レノンによる作詞だとする研究もある。
Simon, S. & Wharton, N. (2018). A Songwriting Mystery Solved: Math Proves John Lennon Wrote ‘ In My

Life'. NPR. [https://www.npr.org/2018/08/11/637468053/a-songwriting-mystery-solved-math-proves-john-lennon-wrote-in-my-life]

27 Pierre Cabanne. (1987). *Dialogues with Marcel Duchamp*. Da Capo Press, United State.

28 16世紀に長谷川等伯によって描かれた《松林図屛風》と比較するのは、17世紀にクロード・ロランによって描かれた《View of La Crescenza》という風景画だ。ロランはフランスに生まれ、イタリアを中心に活動した画家で、風景画で広く知られる。日本では早くから風景を主題にした絵画が描かれてきたが、西洋絵画では風景はあくまでほかの主題の背景として描かれていた。西洋絵画の歴史のなかで、独立した風景が描かれるのはかなり遅い。16世紀に入るとようやく風景画が描かれはじめるが、広く浸透していくのは17世紀になってからだ。《View of La Crescenza》に描かれた建築はローマ郊外に現存していることから、この絵は想像上の風景ではなく、現実の場所を描いたものだとされている。

CLASS 4

29 「チームラボ」のアート事業では、サイエンス・テクノロジー・デザインなどを活用し、新しい体験を提供する作品を制作している。

30 BBC NEWS. Duchamp's urinal tops art survey. 2004-12-1. [http://news.bbc.co.uk/2/hi/entertainment/4059997.stm]
記事のなかで《泉》は「most influential modern art work of all time」とされている。「モダンアート（Modern Art）」は1860年代のマネの絵画をもって到来したと一般的に考えられており、19世紀後半から20世紀のアートを主に指す。現在進行形のアートは「コンテンポラリーアート（Contemporary Art）」と呼ばれ、モダンアートと区別される。本書では、モダンアートを「20世紀のアート」と呼んでいる。

31 この雑誌は2号しか発行されていない。2号目に《泉》を掲載。
Roche, H-P., Wood, B. & Duchamp, M. (1917). *THE BLIND MAN*, No.2, P.B.T, NEW YORK.

32 東京国立博物館で2018年10月2日〜12月9日に開催された企画展「東京国立博物館・フィラデルフィア美術館交流企画特別展　マルセル・デュシャンと日本美術」

33 Adcock, C. (1987). Duchamp's Eroticism: A Mathematical Analysis. *Dada/Surrealism*, 16(1), 149-167.

34 アーサー・C・ダントー『芸術の終焉のあと——現代芸術と歴史の境界』山田忠彰監訳、河合大介・原友昭・粂和沙訳、三元社、2017年、142ページ

35 文化庁「文化遺産オンライン」[https://bunka.nii.ac.jp/heritages/detail/166215]

36 「曜変」の「曜」は、「星」または「輝く」を意味する。室町時代の文献『君台観左右帳記』において、「曜変」は中国の陶製の茶碗のうち、もっとも貴重で高価な茶碗とされてきた。今日世界で現存する曜変天目（完成形）は3点のみで、すべてが国宝に指定されている（参考：静嘉堂文庫美術館ホームページ）。

37 ここでは、利休の作として伝わる茶室である妙喜庵の「待庵」（国宝）のイメージをもとに、利休が茶を点てる姿を想像している。

CLASS 5

38 ジャクソン・ポロックの《ナンバー17A》（1948年）は、2015年に2億ドルで個人取引された。これは、2020年1月現在、史上5番目に高い絵画の取引金額である。
World Economic Forum. The world's 10 most valuable artworks. 2017-11-17. [https://www.weforum.org/agenda/2017/11/leonardo-da-vinci-most-expensive-artworks/]

CLASS 6

39 Lisanne Skyler. Brillo Box (3 ¢ Off). 2016. HBO Documentary Film, United State.

40 Andy Warhol interview 1964. [https://www.youtube.com/watch?v=n49ucyyTB34]

41 MoMA. MoMA Learning. [https://www.moma.org/learn/moma_learning/andy-warhol-campbells-soup-

cans-1962/]

42 「何故僕がこんなやり方で絵を描くかといえば、僕は機械になりたいからなんだ」(『ウォーホル〈現代美術第12巻〉』講談社、1993年、86ページ)

43 エリック・シェーンズ『ウォーホル〈岩波 世界の巨匠〉』水上勉訳、岩波書店、1996年

44 Mattick, P. (1998). The Andy Warhol of philosophy and the philosophy of Andy Warhol. *Critical Inquiry*, 24(4), 965-987.

45 MoMAで2013年3月2日〜2014年1月20日に行われた応用デザイン展では、パックマンをはじめとする14のビデオゲームが、ほかのジャンルのデザイン作品とともに展示され、物議を醸した。

46 MoMA Web Page. About us Who we are. [https://www.moma.org/about/who-we-are/moma]

47 Guardian News. From Pac-Man to Portal: MoMA's video game installation-in pictures. 2012-11-30. [https://www.theguardian.com/artanddesign/gallery/2012/nov/30/moma-video-games-pictures]

48 Guardian News. Sorry MoMA, video games are not art. 2012-11-30. [https://www.theguardian.com/artanddesign/jonathanjonesblog/2012/nov/30/moma-video-games-art]

49 The New Public. MoMA Has Mistaken Video Games for Art. 2013-3-13. [https://newrepublic.com/article/112646/moma-applied-design-exhibit-mistakes-video-games-art]

50 AFP BB NEWS「『パックマン』などのビデオゲーム、ニューヨークMOMAで展示」2013-3-4. [https://www.afpbb.com/articles/-/2932100]

また、パックマン所蔵に関するパオラ・アントネッリ本人の言葉は、次でも聴くことができる。

Antonelli, P. Why I brought Pac-Man to MoMA. TED Talks. 2013-5. [https://www.ted.com/talks/paola_antonelli_why_i_brought_pacman_to_moma]

51 パックマンを含む、MoMAの一風変わったコレクションの多くは、同美術館のウェブページ(https://www.moma.org/collection/)で見ることができる。

EPILOGUE

52 Gombrich, E. H. (1995). *The Story of Art*, 16th ed. Phaidon, London, p.15.

53 Stanford University. 'You've got to find what you love,' Jobs says. 2005-06-14. [https://news.stanford.edu/2005/06/14/jobs-061505/]

おわりに

54 森ビルは２００７年に、東京・ニューヨーク・ロンドン・パリ・上海の５都市で「アートに対する意識調査」をインターネット経由で行っている。
森ビル株式会社（ニュースリリース）「～東京・NY・ロンドン・パリ・上海～国際都市アート意識調査」[https://www.mori.cc.jp/company/press/release/2007/12/20071219125700000125.html]

作品情報

【39ページ】　レオナルド・ダ・ヴィンチ《自画像》1510年ごろ、トリノ王立美術館、トリノ
【63ページ】　アンリ・マティス《緑のすじのあるマティス夫人の肖像》1905年、コペンハーゲン美術館、コペンハーゲン
【87ページ】　《オロ》19世紀、大英博物館、ロンドン
【107ページ】　パブロ・ピカソ《アビニヨンの娘たち》1907年、ニューヨーク近代美術館、ニューヨーク
【128ページ】　《墓絵》紀元前1400年代、大英博物館、ロンドン
【142ページ】　ワシリー・カンディンスキー《コンポジションVII》1913年、トレチャコフ美術館、モスクワ
【170ページ】　長谷川等伯《松林図屏風》16世紀、東京国立博物館、東京
【193ページ】　マルセル・デュシャン《泉（レプリカ）》1950年、フィラデルフィア美術館、フィラデルフィア（オリジナルは1917年制作。現在は紛失）
【212ページ】　長次郎《黒楽茶碗　銘俊寛》16世紀、三井記念美術館、東京
【228ページ】　ジャクソン・ポロック《ナンバー 1A》1948年、ニューヨーク近代美術館、ニューヨーク
【238ページ】　ルネ・マグリット《イメージの裏切り（これはパイプではない）》1929年、ロサンゼルス・カウンティ美術館、ロサンゼルス
【264ページ】　アンディー・ウォーホル《ブリロ・ボックス》1964年、ニューヨーク近代美術館、ニューヨーク
【284ページ】　岩谷徹《パックマン》1980年、ニューヨーク近代美術館、ニューヨーク

参考文献

・アーサー・C・ダントー『芸術の終焉のあと――現代芸術と歴史の境界』山田忠彰監訳、河合大介・原友昭・粂和沙訳、三元社、2017年
・アドルフ・マックス・フォークト『西洋美術全史10　19世紀の美術』千足伸行訳、グラフィック社、1978年
・E・H・ゴンブリッチ『芸術と幻影』瀬戸慶久訳、岩崎美術社、1979年
・E・H・ゴンブリッチ『改定新版 美術の歩み［上・下］』友部直訳、美術出版社、1983年
・井口壽乃・田中正之・村上博哉『西洋美術の歴史8 20世紀――越境する現代美術』中央公論新社、2017年
・上野行一『私の中の自由な美術――鑑賞教育で育む力』光村図書出版、2011年
・神原正明『快読・西洋の美術――視覚とその時代』勁草書房、2001年
・クレメント・グリーンバーグ『グリーンバーグ批評選集』藤枝晃雄訳、勁草書房、2005年
・高階秀爾『20世紀美術』筑摩書房、1993年
・ネルソン・グッドマン『芸術の言語』戸澤義夫・松永伸司訳、慶應義塾大学出版会、2017年
・ハーバート・リード『芸術による教育』宮脇理・直江俊雄・岩崎清訳、フィルムアート社、2001年
・フィリップ ヤノウィン『学力をのばす美術鑑賞 ヴィジュアル・シンキング・ストラテジーズ――どこからそう思う？』大学アートコミュニケーション研究センター訳、淡交社、2015年
・藤田令伊『現代アート、超入門！』集英社、2009年
・藤田令伊『アート鑑賞、超入門！　7つの視点』集英社、2015年
・マックス・フリートレンダー『芸術と芸術批評』千足伸行訳、岩崎美術社、1968年
・モーリス・ベセ『20世紀の美術　西洋美術全史11』高階秀爾・有川治男訳、グラフィック社、1979年
・山口周『世界のエリートはなぜ「美意識」を鍛えるのか――経営におけるアートとサイエンス』光文社新書、2017年

〔Special Thanks〕

自画像制作協力　末永琢磨さん、太田莉那さん、冨岡星来さん、加藤結佳子さん、伊藤暢浩さん、伊東佐高さん（60ページ作品番号順）
また、授業に協力し「自分なりのものの見方」でたくさんのコメントをくれた生徒のみなさん、ありがとうございました。

「知覚」と「表現」という魔法の力

佐宗邦威

『表現』は魔法だ。自分はそれができない。うまく『表現』できる人が羨ましい」――以前の僕は、ずっとそう思って生きてきた。

僕は現在、BIOTOPEという戦略デザインファームを立ち上げ、NHKエデューケーショナル、NTTドコモ、クックパッド、株式会社ポケモンなど、さまざまな企業の未来創造、いわゆるイノベーションデザインに携わっている。

以前には、イリノイ工科大学のデザインスクールに留学してデザイン思考を学んだりもしたし、2019年には、個人の妄想をビジョンへと具体化する方法についての本も出版した。だからいままでは、自分もデザイナーの端くれであり、「表現者」であるという自負を持っている。

しかしあえて告白するなら、13歳の僕にとって「美術」は最大の不得意科目の1つだった。子ども時代の僕は、周囲の友達と一緒に塾に通いはじめ、受験という〝ゲーム〟に没頭するようになった。入試で問われる「国語」「英語」「数学」「理科」「社会」の成績はいつも気にしていたし、実際それらの科目は比較的得意なほうだった。

一方で、それ以外の科目にはいまひとつ身が入らなかったし、なかでも「美術」の授業はどうにも好きになれなかった。手を動かしているうちは楽しいのだが、うまい人の作品を見ると、自分の作品が取るに足らないものに思えてくる。

「『正解』がわからないのだから、努力しようにもやりようがない。それに、どうせ受験には役立たないではないか」――そうやって自分に言い聞かせているうち、いつのまにか僕は「美術」が嫌いになっていった。思えば、東大で法学を学んだのも、外資系企業のマーケターになったのも、裏側にはいつもアート的なものに対する苦手意識があったのかもしれない。

そんな僕がなぜ、本書で言う「アーティスト」の道を歩むことになったかについては、拙著『直感と論理をつなぐ思考法 VISION DRIVEN』（ダイヤモンド社）をご覧いただくとして、いま振り返ってみれば、ここにはある種、時代の必然があったのではないかと感じている。

僕らはいま、どんな時代に生きているのだろう。インターネットや情報革命、VUCAなどいろいろな表現のされ方をしているが、僕なりに表現するなら、「一人ひとりがつながってしまい、相互に影響を与え合うことで、予測もつかない変化が生まれる世界」に僕たちは投げ込まれているのだと思う。

結果が予測できない、いわゆる複雑系の社会においては、みんながあらかじめ合意しているような不変の価値観を期待できない。客観的な正解、著者が言うところの「太陽」は、もはや消滅しつつあるのだ。あるいは、「世の中に正解がある」というのが、そもそも幻想だったのだろう。インターネットの誕生によって、世界の多様性を受け入れざるを得なくなった結果、「正解など存在しないことが自明になってしまった」と言ったほうが正確かもしれない。

では、そんな社会のなかで、人・組織はどのように生きていけばいいのか？　ひとまずビジネスの世界に注目するなら、イノベーションのための思考法やプロセス、スキルセットといった「正解」が広く普及していくのとは対照的に、「個人の主観」を重視するトレンドが生まれてきている。

「デザイン・ドリブン・イノベーション」「アート思考」「ビジョン思考」などに通底して

いるのは、「つねに移ろう不確かな外部環境に合わせるのではなく、自分の内面と向き合い、自分軸で『答え』を生み出していく」というスタンスだ。著者の言葉を借りるなら、「太陽を見つける」のではなく、「雲を自らつくっていく」というアプローチである。

実際、現代のビジネス環境においては、プロダクトにしろサービスにしろ、どれだけ多くの共感を得て、人々を動すことができたかが結果を大きく左右する。「しょせん、そんなのはあなた個人の妄想だろう」と言われていたアイデアこそが、最終的には世の中を変えるようなエネルギーを持つケースは珍しくない。逆に、最初から「正解」を求めて動くプロジェクトは、なかなかうまくいかないし、そこまで大きくスケールしない。

現代社会というゲームに「ルール」があるとすれば、それはただ一つ、「表現したもの勝ち」ということだ。ビジネスの世界でも、洞察力のある人たちはそのことに気づきはじめている。だからこそ、彼らのあいだでも「アート的なものの見方」が、いま急速に見直されているわけだ。

一方、自分の内面に眠る「妄想」の解像度を高め、「ビジョン」として表現するという手法は、何もビジネスの文脈でしか役立たないわけではない。この正解がない世界のなかで「人生100年時代」をどう過ごしていくかを考えたとき、「アーティスト的な生き方」は僕たちにとって強力なオプションになる。これは何も職業的アーティストとしての道だけに限らない。著者はこうした生き方について、「おわりに」で次のように語っている。

「自分の興味関心・好奇心」を皮切りに、「自分のものの見方」で世界を見つめ、好奇心に従って探究を進めることで「自分なりの答え」を生み出すことができれば、誰でもアーティストであるといえるのです。

しかし、果たして、どうすれば「アーティスト」として生きていけるのだろうか？　本書は、僕のように「美術」に苦手意識を持ったまま大人になった人たちに、とても心強い処方箋を手渡してくれる。それこそが「アート思考」と著者が呼ぶ「ものの見方」である。

僕たちの思考は、自分のなかにある概念に基づく「論理モード」と、まだ概念化される以前の「感性モード」とによって成り立っている。後者は、身体感覚や視覚、聴覚など、「まだ言葉になっていない感覚」だといえばわかりやすいだろう。

僕らが創造脳を活用し、「自分の答え」をつくるためには、あまりに雄弁な「論理モード」を黙らせ、自分の五感や直感がもたらす「感性モード」に耳を傾ける必要がある。とはいえ、それをいつまでもフワフワとした「知覚」のままにしていては、いつまで経っても「表現」

にまではたどりつけない。だからこそ、僕たちは「まず感じる。そして、言語化する（知覚→表現）」という順序で世界に向き合う必要がある。

僕たちBIOTOPEが企業のイノベーションプロジェクトに携わる際にも、インプットとしての「知覚」とアウトプットとしての「表現」を、必ずエッセンスとして取り入れているが、このような脳の使い方をトレーニングしていくとき、アート作品は最高の素材になってくれる。本書をお読みになった方なら、そのことは十分に実感いただけたはずだ。


こうした事情から、いまビジネスの文脈でも、生き方の文脈でも、アート活用は大きな潮流になりはじめている。これ自体はすばらしいことなのだが、他方で、そこには「捨てるべき思い込み」があるように思う。それは「アート作品の鑑賞には『教養』が必要だ」という思い込みだ。著者も指摘しているとおり、この考え自体は決して間違いではない。アートの歴史とは、人々が各時代の常識を打ち破ってきた過程であり、作品単独で味わうよりも、その背景知識を踏まえたほうが奥深い鑑賞ができる。

しかし、そうした「教養」に基づくアプローチは、いわば〝7合目以降〟のアートの楽しみ方である。アートの山脈にこれから挑むビギナーが、いきなりそんな山道に分け入っていくのは得策ではない。「教養としてのアートを身につけよう！」といった掛け声に象徴されるアートブームは、アート思考の実践者（＝アーティスト）を生み出すどころか、かえって「正解」を求める評論家を再生産することになるだろう。

僕が思うに、アートビギナーにとっての最良の入り口は、実際に自分の目で作品を〝よく見る〟こと、あるいは、どんなに下手でもいいから、とにかく自分の手を動かして〝表現する〟ことだ。

美術館などで作品をじっくり鑑賞していると、自然と自分の感覚に意識が向くようになり、生活のなかでも「感性モード」へのスイッチが入りやすくなる。またその際に、自分で少しでも表現をした経験があれば、その作品の凄みがより感じられるようになるし、その背景や制作プロセスにも想像が働きやすくもなるだろう。『13歳からのアート思考』は、そんな入り口に向かう人たちの頼れるガイドブックである。

アート思考の射程について、僕がもう一つ可能性を感じているのが、教育の文脈である。ある程度の年齢のお子さんをお持ちの読者であれば、親子で一緒にアートブックを眺めてみながら、お互いに感じたことを話し合う機会をつくってみるといいだろう。自宅にあるレゴや廃材で子どもと一緒に何かをつくるときにも、本書にある「どこからそう思う？／そこからどう思う？」といった問いを組み合わせてみるといいかもしれない。

UCLAでニューロサイエンスを学び、「脳×教育×IT」をテーマにしたベンチャーを立ち上げた青砥瑞人《あおとみずと》さんは、生後1～2カ月の娘さんのために、自宅で「ウィークリーミュージアム」をやっていたそうだ。最初の週はクリムト展、次の週はピカソ展というようにテーマを決めて、プリントした絵画作品を子どものベッドの周りに「展示」していたという。これも非常に面白いアイデアだろう。

僕自身も、戦略デザイナーとしての本業とは別に、子どもたちが持っている「未来のビジョン」を、作品として表現してもらうワークショップなどの授業を開始している。「いまの子どもには将来の夢がない」などと言われたりするが、考えてもみれば、そもそも大人の僕らですら、10年後にどんな職業に就いているのか想像がつかないのだ。そんな状況のなかで、子どもたちに「なりたい職業」を選ばせること自体がナンセンスではないかと思う。

むしろ、これからの時代の子どもたちに必要なのは、すでに存在する職業のなかから「正解」を選ぶ力ではなく、むしろ、自分のビジョンや夢をもとに「職業そのものをつくっていく力」のほうだろう。

2019年末、僕は兵庫教育大学附属小学校で、生徒たち一人ひとりにビジョンを描いてもらう「未来デザイン」という授業を担当させていただいたが、正直なところ、ここ数年で最も大きな未来への希望を感じることができた。授業では「小さいころ、何が好きだったか」「3年間、100億円を自由に使えたら何がしたいか」などをペアごとにインタビューしてもらい、そこから「自分のつくりたい世界」をレゴや絵で表現してもらった。これに参加した6年生の生徒の感想を紹介しよう。

私は中学受験をしようと思って、夏休みまで塾に通っていました。ノートをまとめるときに図や絵を描いて覚えていたけど、先生に「図や絵じゃなくて、もっと問題を解きなさい」と注意され、そのとおりにしていると、どんどん成績が下がってしまいました。お母さんは「夏休みで塾をやめていいから、最後に自分のやり方でテスト勉強して、どれだけ点数取れるか試してみたら?」と言いました。それで、最後に成績発表でクラス2位になれました。でも、塾をやめてしまったから、自分のやり方で大丈夫か心配になりました。受験もやめて、自分の好きなことを探そうと思いました。佐宗先生の授業を受けて「手をよく使って、図や絵で表すといい」と教わって、いままでのやり方でよかったんだという自信がつきました!(中略)ふだん考えないことを考える日になりました。ありがとうございました。

小学校低学年くらいまでは、自由に感じ、自由に表現ができていた子どもたちも、高学年に差し掛かると、自我が高まり社会性を帯びることで、自分と向き合う機会が減っていく。さらに、塾に行ったり、中学受験をしたりすれば、子どもたちは一気に「創造モード」を捨て去ることになりかねない。

子どもたちの創造性をいかに育むかは、現場の先生方も苦労しているだろうし、親であれば誰しも、自分の子どもが創造的になってほしいと願っているはずだ。だからこそ、この点に問題意識を持っている親御さん・教師のみなさんが、「アート的なものの見方」を学び直すことには大きな意味がある。この学びが子どもたちにも波及していけば、創造的に生きられる人がこの国にももっと増えていくだろう。

この点、本書が示しているとおり、「美術」という教科には大きな可能性がある。「美術」の授業というのは本来、ほかの人の表現からインスピレーションを受けながらも、自分の感じたものを信じ、自分なりのビジョンを表現する「アトリエ」のような場所であるはずだ。末永さんが実践されている授業が教育の場にもっと広がっていけば、「美術」はいつか「未来創造」という科目に置き換わっていくのかもしれない。

† † †

株式会社ポケモンの小杉要さんから、見てもらいたいものがあるとご相談を受けたのが、2019年4月のこと。同社で新規事業を担当されている小杉さんは、BIOTOPEの共創プロジェクトで長らくご一緒しているパートナーだが、なんと奥様が本の原稿を執筆されたのだという。そして、美術教師であるその奥様というのが、本書の著者・末永幸歩さんだ。

その原稿を見せていただいて心底驚いた。「これはいまの世の中に必要な本だ！」と感じて、即座にダイヤモンド社の藤田さんにご紹介させていただいた。藤田さんは『直感と論理をつなぐ思考法』を文字どおり「共創」した編集者だが、彼も同じ感想を持ち、こうして本書が刊行されることになった。

この本は末永さん自身のビジョンを表現したものであり、彼女の「妄想」からVISION DRIVENに生み出されたアート作品である。その元になった原稿が、小杉さんというビジョンパートナーの存在を通じて世の中に投げかけられ、さらに『直感と論理をつなぐ思考法』でビジョンを共有した僕らとつながることで、最終的にこの『13

歳からのアート思考』として具現化することになった。そのことをうれしく思う。
本書を通じて、人間の「知覚」と「表現」という魔法の力が解放されることを心から願っている。

［解説者略歴］
佐宗邦威（さそう・くにたけ）――株式会社ＢＩＯＴＯＰＥ代表。戦略デザイナー。多摩美術大学特任准教授。大学院大学至善館准教授。
東京大学法学部卒。イリノイ工科大学デザイン研究科修了（Master of Design Methods）。イリノイ工科大学デザイン学科修了。Ｐ＆Ｇ、ソニーなどを経て、共創型イノベーションファームＢＩＯＴＯＰＥを起業。著書にベストセラーとなった『直感と論理をつなぐ思考法 VISION DRIVEN』（ダイヤモンド社）などがある。

実践編

アート思考の課外授業！

アート作品に出会うことは、「アート思考」を育む絶好のチャンスです。ぜひ、この教室を出てからも意識的にアートに触れて、「自分なりのものの見方／考え方」を取り戻しましょう。

ここでは、そのときの糸口となるように、「アート思考の教室」に登場した、いくつかの鑑賞の手立てをまとめました。

初級

アウトプット鑑賞（66ページ）

方法

作品を見て、気がついたことや感じたことをアウトプットする。

「アウトプット鑑賞」は、自分自身の目（また、その他の感覚器官）を使って作品と向き合ってみる、いわば「アート思考」をするための入り口となる鑑賞です。

どんなに簡単な気づきからアウトプットをはじめてもかまいません。誰かと一緒なら声に出して、1人ならノートやスマホなどにメモしてもいいでしょう。

出てきたアウトプットを膨らませるためには、「どこから／そこからどう思う？」の2つの問いかけ（144ページ）も有効です。

中級

作品とのやりとり（157ページ）

方法

作品だけを見て、（作者の意図や解説とまったく関係のないところで）自分でなにかを感じとったり、考えたりする。

「作品とのやりとり」は、すべての作品について行う必要はまったくありません。音楽を聴くとき、すべての曲を分け隔てなく聴くことがないのと同じです。

まずは感覚にまかせて、気楽にアート作品を眺めてみましょう。もしも、なんとなく好ましい、または惹かれるという作品に出会ったら、そこで立ち止まって「どんな感じがするか？」と自分に尋ねてみます。そこで出てきた感覚が「あなたなりの答え」です。

ここでは作者の意図も、タイトルも、解説文もすべて無視します。あなたの主観的な解釈が、その作品の可能性を広げるからです。

「作品から短いストーリーを紡いでみる」という方法（165ページ）もオススメです。

中級

常識を破る鑑賞

方法

意図的に、これまでとは少し違った角度から作品を眺めてみる。

・作品を「物質」として見てみたら？（241ページ）
・「行動の軌跡」として見てみたら？（252ページ）
・「視覚以外」を使って鑑賞してみたら？（206ページ、216ページ）

作品に描かれた「イメージ」をまともに見るのではなく、ときにはこれらのような視点も取り入れてみましょう。通常とは異なる視点を持つことで思いもよらない発見ができ、それが「自分なりの答え」につながるかもしれません。

「描かれたイメージ」から意図的に一歩離れてみれば、この3つ以外にも、新たな「常識を破る鑑賞方法」を見つけられるかもしれませんよ。

上級　**背景とのやりとり**（155ページ）

方法

作品背景を知ったうえで、それらを〝自分なりに考えて〟みる。

「背景とのやりとり」は、まさに本書『13歳からのアート思考』でやってきたことであり、「アート思考」を育むのにはもってこいの方法であるといえます。

しかし、美術館で作品に添えられた短い解説を読み、音声ガイダンスを聞いただけで、そこから「自分なりの答え」を導き出すというのはかなり無理があります。

そこで、本書をひととおり読んだ方も、今度は「ワークブック」として本書を家族や友人とともに活用してみるのはいかがでしょうか。

たとえば、各クラスの振り返りの質問に対し、“自分なりの答え”を実際に書き出してみたり、本書を読み終えたあとで、あらためてエクササイズ「やってみよう」にトライしてみたりするのも、「自分なりのものの見方・考え方」を深める効果があります。本書で取り上げた「6つの問い」には決まった答えがあるわけではないので、自分なりに探究を深めるにはうってつけです。

＊　　　＊　　　＊

繰り返しになりますが、これらの鑑賞方法は「アートに詳しくなるためのメソッド」ではありません。これらは「非日常の刺激」に触れ、日頃は考えもしないことに想いをめぐらせることで、「自分なりの答え」をつくりだし、「アート思考」を育てるためのものです。

「アート思考」を取り戻したら、次はあなたの生活する世界で、あなたなりの「アートという植物」が大きく育っていきますように。

［著者］

末永幸歩（すえなが・ゆきほ）

美術教師／東京学芸大学個人研究員／アーティスト

東京都出身。武蔵野美術大学造形学部卒業、東京学芸大学大学院教育学研究科（美術教育）修了。

東京学芸大学個人研究員として美術教育の研究に励む一方、中学・高校の美術教師として教壇に立つ。

「絵を描く」「ものをつくる」「美術史の知識を得る」といった知識・技術偏重型の美術教育に問題意識を持ち、アートを通して「ものの見方を広げる」ことに力点を置いたユニークな授業を、東京学芸大学附属国際中等教育学校をはじめとする国公立中学・高校で展開してきた。生徒たちからは「美術がこんなに楽しかったなんて！」「物事を考えるための基本がわかる授業」と大きな反響を得ている。

彫金家の曾祖父、七宝焼・彫金家の祖母、イラストレーターの父というアーティスト家系に育ち、幼少期からアートに親しむ。自らもアーティスト活動を行うとともに、内発的な興味・好奇心・疑問から創造的な活動を育む子ども向けのアートワークショップ「ひろば100」も企画・開催。また、出張授業・研修・講演など、大人に向けたアートの授業も行なっている。本書が初の著書となる。

Contact: yukiho@artthinking.info

「自分だけの答え」が見つかる

13歳からのアート思考

2020年2月19日　第1刷発行
2024年9月2日　第15刷発行

著　者——末永幸歩
発行所——ダイヤモンド社
〒150-8409　東京都渋谷区神宮前6-12-17
https://www.diamond.co.jp/
電話／03･5778･7233（編集）　03･5778･7240（販売）

本文イラスト— 末永幸歩
ブックデザイン— 三森健太［JUNGLE］
DTP———ニッタプリントサービス
製作進行——ダイヤモンド・グラフィック社
印刷————三松堂
製本————ブックアート
編集担当——藤田 悠（y-fujita@diamond.co.jp）

ISBN 978-4-478-10918-2